ÖSTERREICH

BRIGITTE HAMANN

ÖSTERREICH

EIN HISTORISCHES PORTRAIT

C.H.BECK

Mit 14 Abbildungen und 3 Karten

Erscheint gleichzeitig in der Reihe
DIE DEUTSCHEN UND IHRE NACHBARN
herausgegeben von
Helmut Schmidt und Richard von Weizsäcker

Gestaltung und Satz: a.visus, Michael Hempel, München
Gesetzt aus Stone und Gill
Druck und Bindung: CPI – Ebner & Spiegel, Ulm
Gedruckt auf säurefreiem, alterungsbeständigem Papier
(hergestellt aus chlorfrei gebleichtem Zellstoff)
Printed in Germany
ISBN 978 3 406 59213 3

www.beck.de

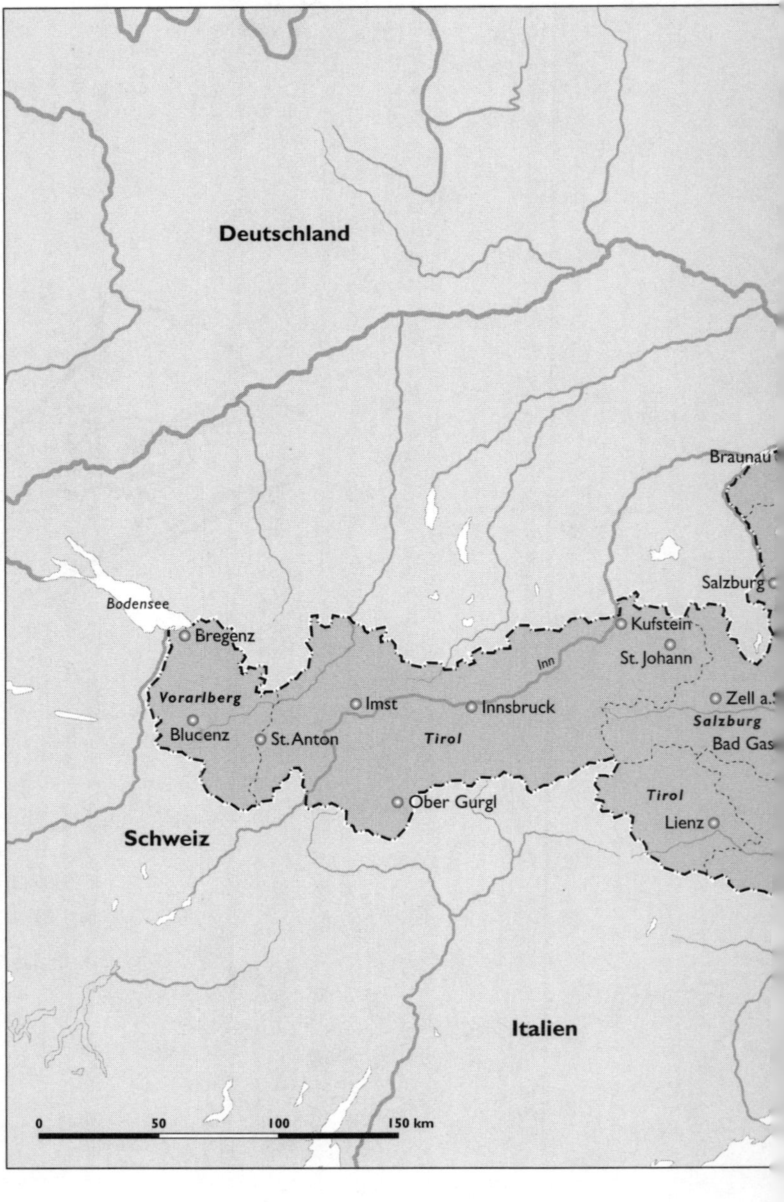
Deutschland
Braunau
Salzburg
Bodensee
Bregenz
Kufstein
St. Johann
Inn
Vorarlberg
Imst
Innsbruck
Zell a.
Salzburg
Blucenz
St. Anton
Tirol
Bad Gas
Tirol
Ober Gurgl
Lienz
Schweiz
Italien
0
50
100
150 km

N
S
Tschechische Republik
Gmünd
Niederösterreich
Krems
Stockerau
Slowakei
Oberösterreich
Linz
Donau
Wien
Wien
St. Pölten
Wels
Steyr
Arnstetten
Wiener
Neustadt
Neusiedler
See
Mariazell
Hallstatt
Eisenerz
adstadt
Bruck a.d.Mur
Österreich
Steiermark
Burgen-
land
Ungarn
Graz
Mur
münd
Kärnten
Spittal
Klagenfurt
Villach
Drau
Slowenien
Kroatien

EINLEITUNG

Wer sich mit Österreich und dessen Geschichte befassen will, sei gewarnt: Es gibt kaum etwas Komplizierteres und Unübersichtlicheres als diese, und zwar nicht die des 20. Jahrhunderts, sondern der Jahrhunderte vorher. Die wechselhaften internationalen Verflechtungen machen aber auch den Reiz dieser Geschichte aus und erklären so manche Eigenart der heutigen Österreicher.

Österreich ist seit 1918 ein kleines Land mit rund 8,3 Millionen Einwohnern – kaum mehr als Groß-London – und der Fläche nach nur um weniges größer als Bayern. Aber es hat eine stolze und vielfältige Geschichte, deren Denkmäler und Zeugen die alten Städte, Schlösser, Kirchen und Klöster sind – und zwar in allen Ländern, wo die Habsburger in Jahrhunderten ihre Spuren hinterlassen haben. Diese gehen weit über die heutigen Dimensionen Österreichs hinaus bis zum Weltreich Kaiser Karls V., in dessen Herrschaft «die Sonne nicht unterging».

Mein Problem lag nun darin, die so vielfältige österreichische Geschichte in einem so kleinen Buch wie diesem unterzubringen. Ich habe es ja redlich versucht, angefangen mit der Urzeit, der Völkerwanderung entlang der Donau, den Illyrern, Germanen und Kelten, den Römern, Markomannen, Ost- und Westgoten, den Hunnen und vielen anderen, die sich auf später österreichischem Boden mit der Urbevölkerung vermischten. Nun aber habe ich all diese uralten Geschichten zugunsten der neueren einfach gestrichen in der Meinung, dass sich die geneigten Leser/innen doch eher für

Die «Venus von Willendorf», eine Art Fruchtbarkeitsgöttin, elf Zentimeter klein und aus Kalksandstein, entstanden um 25 000 v. Chr. und damit eines der ältesten Kunstwerke der Welt

modernere Themen interessieren. Auf dieses Bild aber kann ich nicht verzichten:

Die Dame besteht aus Kalksandstein, ist elf Zentimeter klein und stellt eine Art Fruchtbarkeitsgöttin dar. Sie entstand rund 25 000 Jahre vor Christus, also in der jüngeren Altsteinzeit. 1908 kam dieses kostbare archäologische Fundstück beim Bau der Donauuferstraße an den Tag und wurde nach seinem Fundort benannt. Auch wenn sie wahrscheinlich nicht auf österreichischem Boden entstand, passt die dralle Figur sehr gut zu den Österreichern und deren Lebensfreude.

Man braucht nur im Wiener Telefonbuch zu blättern, um sich die jahrhundertealte Multinationalität des Habsburgerreiches zu vergegenwärtigen: Rund ein Drittel der Namen sind tschechischen Ursprungs. Außerdem gibt es viele ungarische, polnische, slowakische, slowenische, italienische, serbische und andere Namen als

Zeugnisse der alten Monarchie. In diese Vielfalt mischen sich heutzutage in der kleinen Republik immer mehr Einwanderer aus aller Welt: Touristen, Skifahrer, Bergsteiger, Kulturbeflissene und tüchtige «Gastarbeiter».

Die alte Multinationalität wirkt sich heute auch im Rahmen der Europäischen Union (meist) positiv aus, vor allem gegenüber den östlichen Ländern wie Ungarn, Tschechien und Polen. Ein gewisses Ausmaß an Fremdenfeindlichkeit ist allerdings – ausgehend von den beiden rechten Parteien – nicht zu leugnen, vor allem, wenn es um Farbige oder Muslime geht. Dazu ein paar Zahlen: Laut Statistik leben heute in Österreich rund sechs Millionen Christen, zwei Millionen Agnostiker (also ohne Religion), 340 000 Moslems (4,3 Prozent der Bevölkerung), höchstens 15 000 Juden, 10 000 Buddhisten und knapp 4000 Hindus. Der Appell «Vaterland in Christenhand», mit dem von Rechts gegen die Fremden agiert wird, ist also weit überzogen.

1961 kam auch ich als Fremde für zwei «Kultursemester» nach Wien, und zwar deshalb, weil der von mir sehr verehrte Herbert von Karajan Direktor der Wiener Oper war. Nebenher studierte ich fleißig, um möglichst rasch viele Zeugnisse zu bekommen. Am späten Nachmittag reihte ich mich vor der Staatsoper oder dem Musikverein in die lange Schlange der Stehplätzler ein, um eine Karte zu ergattern. Es war eine schöne Zeit, obwohl die jungen Österreicher uns Deutsche damals mieden und als «Piefkes» und «Nazis» beschimpften.

1965 kam ich wieder nach Wien zurück und zwar, um meinen einstigen Geschichtsprofessor zu heiraten. Und nun lebe ich bereits seit mehr als vierzig Jahren mit manchen Höhen und Tiefen in Wien, habe immer noch zwei Pässe – einen deutschen und einen österreichischen, obwohl ich eigentlich nur den letzteren brauche. Österreich ist – trotz mancher Fehler – durchaus zu empfehlen. Denn wer sich einmal zum Beispiel in Wien niederlässt, geht ungern fort. Und auch ich werde wohl hier bleiben.

I

DIE BABENBERGER UND DIE CHRISTIANISIERUNG

In einer Schenkungsurkunde Kaiser Ottos III. taucht 996 das Wort «Ostarrichi» – Land im Osten – zum ersten Mal auf. Tausend Jahre später wurde diese Urkunde unter großen Sicherheitsmaßnahmen aus dem Bayerischen Hauptstaatsarchiv nach Österreich gebracht und dort in einem patriotischen Fest gefeiert. Wohlgemerkt: es ging hier nicht etwa um ein tausendjähriges Österreich, sondern nur um den 1000. Geburtstag eines Namens in einer Gegend, die bisher namenlos war.

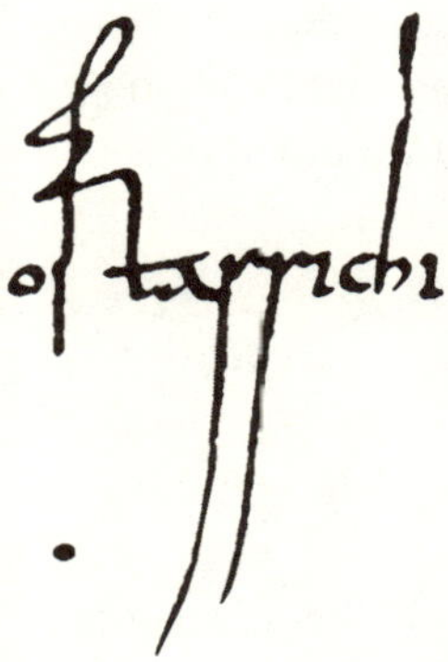

Schriftzug: ostarrichi, aus dem Jahr 996

Diese östliche Mark kam 976, zwanzig Jahre nach dem Sieg über die Ungarn am Lechfeld, in den Besitz des bayerischen Markgrafen Luitpold I. von Babenberg. Er residierte in Melk, begann mit der Rodung der Urwälder entlang der Donau und vergab das Land an Bauern und Siedler.

Die Gegend an der Donau wurde bereits früh christianisiert, wenn auch nur punktuell. Der älteste Märtyrer auf österreichischem Boden war der Hl. Florian. Er bekannte sich 304 n. Chr., also noch zur Zeit der Römer, in Lorch bei Enns (Lauriacum) öffentlich als Christ. Daraufhin wurde er mit einem Stein um den Hals in die Enns gestoßen und ertränkt. Heute gilt er als Patron gegen Feuer- und Wasserschäden, damit auch der Feuerwehr, der Schornsteinfeger und Schmiede. In der Nähe seines Sterbeortes entstand 1071 das Augustiner-Chorherrenstift St. Florian.

Auch der Hl. Severin, der Patron der Weinbauern und der Wiener Orte Sievering und Heiligenstadt, wird heute noch in Österreich verehrt. Er soll seherische Fähigkeiten gehabt haben, engagierte sich für militärische wie diplomatische Aufgaben, versorgte die Armen mit Lebensmitteln, Kleidern und gutem Rat, heilte Kranke und bekehrte viele Menschen zum Christentum. 482 starb er in Mautern an der Donau. Seine sterblichen Reste liegen bei Neapel begraben. Dass Severin in Heiligenstadt in Wien beigesetzt sei, erwies sich als falsch. Es gibt in der dortigen Pfarre aber eine Knochenreliquie von ihm aus einer späteren Schenkung.

1012 wurde in Stockerau, nördlich von Wien, der irische Missionar Koloman als angeblicher Spion an einem Baum erhängt. Der Baum begann zu grünen, so wird erzählt, und am Ort ereigneten sich weitere Wunder. Seine Leiche wurde später in Melk feierlich beigesetzt. Vierhundert Jahre lang war er der Landespatron des späteren «Österreich ob und unter der Enns» (Ober- und Niederösterreich). Heute noch findet alle fünf Jahre zu Erntedank in St. Koloman in Salzburg ein «Kolomanritt» zur Huldigung des Patrons der Pferde und des Viehs statt.

Im 8. Jahrhundert wurden in der namenlosen Gegend die ersten Klöster gegründet: in Mondsee, St. Pölten, Kremsmünster, Melk, Lambach, Millstatt – und dann so viele, dass das Wort «Klösterreich» durchaus seine Berechtigung hat. Die Benediktiner bauten auf Berghöhen, wie Melk und Göttweig. Die späteren Zisterzienser dagegen richteten sich in den Talsohlen ein, um geschützt zu sein, wie in Lilienfeld und Heiligenkreuz. Weitab der Zivilisation mussten zum Beispiel die Mönche des Stiftes Zwettl mitten im unbesiedelten sehr kalten Waldviertel erst einmal den Urwald roden, um mit dem Bau ihres Klosters beginnen zu können. Die Mönche lebten nach dem Grundsatz «Ora et labora» (Bete und arbeite) und waren autark: mit Forst und Jagd und der eigenen Land- und Teichwirtschaft. Sie waren Maurer, Tischler, Köche, Gärtner, auch Gelehrte, Bibliothekare, Musiker – und natürlich Missionare, Lehrer und Seelsorger.

Um Bayern besser gegen die nach Westen drängenden Ungarn zu schützen, bildete sich auf heute österreichischem Boden eine östliche Markgrafschaft, vergleichbar mit der «Mark Brandenburg» als Keimzelle Preußens oder der «Mark Meißen» als Keimzelle Sachsens.

1106 verbesserte sich die politische Position des Hauses Babenberg erheblich, als der 33jährige Babenberger Leopold III. Agnes heiratete, die Witwe Friedrichs von Schwaben und Tochter Kaiser Heinrichs IV., also eine Verwandte der Salier wie der Staufer.

Die Schleierlegende ist jedem Österreicher vertraut: An Leopolds und Agnes' Hochzeitstag wehte der Wind den Brautschleier fort, und trotz emsigen Suchens wurde er nicht gefunden. Daraufhin versprach Leopold, am Fundort des Schleiers eine Kirche zu errichten. Sieben Jahre später fand er bei der Jagd den unversehrten Schleier in einem Holunderstrauch und ließ an dieser Stelle das Stift Klosterneuburg bauen. Leopold und Agnes förderten die weitere Christianisierung. Nach und nach vergrößerte sich Leopolds landesfürstliches Gebiet an der Donau, so um Hainburg, Krems, Tulln und schließlich bis in den Raum von Wien. Der glücklichen Ehe entstammten 18 Kinder. Darunter waren zwei Nachfolger des Vaters als Landesherren und zwei berühmte Geistliche: der Historiker Otto von Freising und der Salzburger Erzbischof Konrad.

Knapp 350 Jahre nach seinem Tod wurde Leopold III. heiliggesprochen, was den Wert der österreichischen Länder erheblich erhöhte. 1663 wurde er anstelle des Hl. Koloman Österreichs Landespatron und außerdem der spezielle Patron Niederösterreichs und Wiens. Alljährlich am 15. November wird in Klosterneuburg «Leopoldi» gefeiert samt dem «Fasslrutschen» vom riesigen alten Tausend-Eimer-Fass. An diesem Tag haben noch heute die Schulkinder in Wien und Niederösterreich schulfrei.

Leopolds Sohn Heinrich II. Jasomirgott heiratete die 16jährige Theodora Komnena, eine Nichte Kaiser Manuels I. von Byzanz. Die Allianz mit Ostrom war für die Babenberger wichtig, da damit der Erzfeind Ungarn zwischen die Fronten geriet.

Als Ostarrichi 1156 im «Privilegium minus» zum Herzogtum erhoben wurde, verlegte Herzog Heinrich seinen Herrschaftssitz nach Wien – und zwar auf den einst von den Römern besiedelten Platz «Am Hof». Er förderte den Bau der Stephanskirche, rief irische Mönche nach Wien, gründete hier das heute noch wichtige Schottenstift und siedelte viele fremde Handwerker und Händler, auch Juden, in Wien an. Und Theodoras reiches Gefolge gründete in Wien eine kleine griechische Siedlung.

Heinrichs Sohn und Nachfolger Herzog Leopold V. nahm 1190 mit seinem Heer am dritten Kreuzzug teil und fand dort, so die Legende, die österreichischen Nationalfarben: Beim Kampf um die Eroberung von Akkon sollen sich seine weißen Kleider durch das Blut der Kämpfenden rot gefärbt haben, und nur der Stoff unter dem breiten Gürtel blieb weiß. Das Ergebnis war der «Bindenschild» in rot-weiß-rot, auch heute noch die Nationalfarben Österreichs.

Nach dem Fall Akkons geriet der Babenberger mit dem englischen König Richard Löwenherz in heftigen Streit, da dessen Soldaten kostbare Beutestücke an sich nahmen und die Babenberger leer ausgingen. Als Löwenherz bei seiner Rückreise Schiffbruch erlitt, wollte er, als Pilger verkleidet, zu Fuß nach Hause fliehen. In Erdberg bei Wien wurde er aber erkannt und als Gefangener auf die Burg Dürnstein in der Wachau gebracht, dann «ins Reich» nach Speyer und schließlich auf die Festung Trifels. Im Februar 1194 entließ ihn der Kaiser gegen das wohl höchste Lösegeld des Mittelalters: 35 000 Kilogramm Silber.

Herzog Leopold legte seinen Teil des Geldes gut an, gründete Wiener Neustadt und baute dort eine starke Befestigung als Bollwerk gegen die Ungarn. In Wien war er ein großzügiger Gastgeber vor allem für die Minnesänger. Walther von der Vogelweide nannte den Wiener Hof begeistert den «wünnecliche hof zu Wiene».

Der 37jährige Leopold V. starb 1194 bei einem Sturz vom Pferd. Sein Sohn Friedrich I. fiel vier Jahre später in Akkon der Malaria zum Opfer. Und Friedrichs Sänger Walther von der Vogelweide trauerte ihm nach:

Da es Friedrich von Österreich war beschieden,
daß seine Seele genesen, sein Körper verschieden,
da nahm meinen Kranichschritt er in die Erde.
Ich schlich wie ein Pfau, wohin immer ich ging,
der Kopf mir bis zu den Knien hing ...

1203 heiratete Herzog Leopold VI. von Österreich und Steiermark wieder eine byzantinische Prinzessin namens Theodora. Sie gründete in Wien die Kommende des Deutschen Ritterordens. Um diese Zeit entstand in Österreich das Nibelungenlied.

Herzog Friedrich II. «der Streitbare», der letzte männliche Babenberger, hatte ständig Kriege zu führen: gegen Böhmen, Ungarn und Bayern. Er finanzierte aber auch den gotischen Bau des Stephansdoms und ließ um Wien eine Stadtmauer bauen.

1245 einigte sich der Babenberger Friedrich II. mit dem gleichnamigen Stauferkaiser, Ostarrichi zum Königreich zu erheben, um dadurch mit den benachbarten Königreichen Ungarn und Böhmen gleichgestellt zu sein. Im Gegenzug wollte Kaiser Friedrich in fünfter Ehe Herzog Friedrichs Nichte und Erbin Gertrud heiraten und zwar in Verona.

Die Urkunde war schon geschrieben, der Bräutigam trug schon den Königsring, als das Geschäft platzte: Kaiser und Herzog warteten mit großem Gefolge vergeblich auf die Braut. Denn als Parteigängerin des Papstes weigerte sie sich, den im Kirchenbann stehenden Staufer zu ehelichen. Später heiratete Gertrud den Markgrafen von Mähren, der es ebenfalls auf ihr Erbe abgesehen hatte. Wieder, wie seit Urzeiten der Mark, gab es zwischen dem Kaiser im Westen und den benachbarten Fürsten im Osten ein Tauziehen um das kleine Österreich. Denn auch der Böhmenkönig hätte die Babenbergerin, vor allem aber deren Erbe gerne geheiratet.

Aus der Rückschau betrachtet, stellte die spektakuläre Weigerung der Braut die Weichen für viele Schwierigkeiten, die die Österreicher mit ihrer Identität hatten und haben. Denn die österreichischen Länder standen nun jahrhundertelang – bis zum 1804 gegründeten Kaisertum Österreich – rangmäßig weit hinter den Nachbarn zurück und hatten auch untereinander nur wenig Kontakt. Ein übergeordnetes frühes Königtum hätte sich sicher positiv auf das österreichische Selbstbewusstsein ausgewirkt, nach außen wie im Innern.

Ein Jahr nach der Schlappe von Verona starb 1246 der letzte männliche Babenberger Friedrich II. im Kampf gegen die Ungarn. Seine Nachfolge war nicht geregelt. Da die Babenberger Länder aber wegen ihrer Lage im Osten des Reiches strategisch wichtig waren, wurden sie nun zum Zankapfel der Nachbarn, die das herrscherlose Land mit Krieg überzogen.

Kaiser Friedrich II., der in Italien lebte, kümmerte sich nicht um diese Probleme. Als sich die Kurfürsten nach seinem Tod 1250 nicht auf einen Nachfolger einigen konnten, war das Heilige Römische Reich führerlos. Das Interregnum, die «kaiserlose, die schreckliche Zeit», dauerte 23 Jahre lang.

2

OTTOKAR UND RUDOLF

Um den Krieg zu beenden und die ehemaligen Babenberger Länder zusammenzuhalten, griffen die österreichischen Stände zur Selbsthilfe: Sie riefen 1251 den jungen Ottokar Przemysl, den Sohn des Böhmenkönigs Wenzel, als Kriegsherrn gegen die Ungarn ins Land. Der reiche, kultivierte und hoch angesehene Ottokar heiratete daraufhin in Hainburg die rund dreißig Jahre ältere letzte Babenbergerin Margarete, Witwe des Stauferkönigs Heinrich VII., die viele Jahre im Kloster gelebt hatte. So erwarb Ottokar das Erbrecht für die babenbergischen Stammlande.

Der inzwischen König gewordene Ottokar II. von Böhmen erwies sich als großzügiger und tüchtiger Regent. Er liebte Wien und die Wiener, vergrößerte die frühe Stephanskirche und gestaltete in der noch sehr bescheidenen Wiener Hofburg den Schweizerhof, wo er residierte. Zwischen Prag und Wien wechselnd, regierte er Österreich 26 Jahre lang zum Vorteil seiner Untertanen.

Nach seinem Sieg über die Ungarn in Kroissenbrunn trennte sich Ottokar 1260 von seiner kinderlosen Ehefrau und heiratete zum Zeichen der Versöhnung mit Ungarn Kunigunde von Masovien, eine Nichte des ungarischen Königs, die ihm vier Kinder gebar. Am Erbrecht der Babenberger hielt Ottokar jedoch fest. Seine Hofhaltung war in Prag wie in Wien die glänzendste seiner Zeit. Dichter, Musikanten und Minnesänger huldigten ihm als dem «goldenen Konig», der sich Kunst, Dichtung und Musik viel kosten ließ. Außerdem förderte er den Handel, das Bürgertum und die Städte.

Österreich war zu Ottokars Zeiten keineswegs eine «böhmische Provinz», wie die Deutschnationalen des 19. Jahrhunderts behaupteten. Er zwang den Wienern auch nicht die böhmische Sprache auf. Es gab zwar Sprachprobleme, aber vor allem, weil es ja – vor Luther – noch nicht einmal ein einheitliches Deutsch gab. Da Ottokars Länder einzeln verwaltet wurden, gab es keine zentrale Bürokratie. Ottokar siedelte aber im großen Stil Deutschsprachige in Böhmen an und forcierte damit die deutsche Ostsiedlung. Sein Reich umfasste Böhmen, Mähren und Österreich, bald auch die Steiermark, Kärnten und Krain.

Aber er wollte mehr: vor allem Polen und das Land des Deutschen Ordens, wo er die Stadt Königsberg gegründet hatte. Außerdem strebte er den Besitz Litauens und Ungarns an, insbesondere aber die deutsche Königskrone. Als reichster und mächtigster der sieben deutschen Kurfürsten war er sich seines Sieges gewiss.

Ebenso groß wie Ottokars Beliebtheit bei den Bürgern der Städte, vor allem den Wienern, war die Zahl seiner Feinde im böhmischen Adel, der Geistlichkeit – und der Neid der sechs übrigen Kurfürsten. Diese wollten auf keinen Fall einen so reichen und selbstbewussten Kandidaten zum König wählen. Aber Ottokar blieb siegessicher. Zweifellos wäre er, der Enkel eines Staufers, ein würdiger Kaiser geworden. Die Mär vom «bösen» Slawen Ottokar gehört zum gegnerischen, habsburgischen Mythos.

Das Interregnum dauerte 23 Jahre. So lange also zögerten die Kurfürsten die Königswahl hinaus, um die herrscherlose Zeit für eigene Zwecke zu nützen. Denn sie konnten in dieser Zeit das tun, was ansonsten nur das Recht des Königs oder Kaisers war: sie eigneten sich all jene Länder und Güter an, deren Herrscher erbenlos gestorben waren und stärkten so ihre Hausmacht.

Schließlich einigten sich die Kurfürsten dann doch: Um ihre Macht zu sichern, wählten sie aber nicht den mächtigen Ottokar, sondern den Grafen Rudolf von Habsburg. Die Habsburger waren weder Reichsfürsten, noch mit Herrscherdynastien verwandt und verfügten weder über politischen Einfluss noch hohe Kontakte. Rudolf besaß im Schweizer Kanton Aargau eine Stammburg, die Habsburg, außerdem Streubesitz in Schwaben und im Breisgau, aber kein geschlossenes Territorium. Grundlegend war für ihn die traditionell enge Bindung an die Kirche, vor allem an so mächtige Bischöfe wie die von Straßburg und Basel. Die stärkste Wahlunterstützung hatte er in den drei geistlichen Kurfürsten, den Erzbischöfen von Mainz, Köln und Trier, aber auch umherziehender Bettelmönche, die gegen Ottokar als angeblich gottlosem Bösewicht Stimmung machten und Rudolf als frommen Retter priesen.

Rudolf tat alles, um die Stimmen auch der weltlichen Kurfürsten – außer Ottokar von Böhmen – zu gewinnen (des Pfalzgrafen bei Rhein, des Herzogs von Sachsen und des Markgrafen von Brandenburg) und bot ihnen als Wahlversprechen Besitzgarantien am Rhein an. Das hieß für ihn, dass er sich in seinen westlichen Stammländern nicht weiter ausbreiten konnte. Doch er vertraute darauf, dass die Kaiserwürde ihm bald Gelegenheit geben würde, verfallene Besitztümer im Osten des Reiches zu übernehmen.

Der «arme» Graf Rudolf, der sich anmaßte, König werden zu wollen, wurde am Wiener wie am Prager Hof Ottokars verhöhnt. Es schien undenkbar, dass der mächtige Böhmenkönig sich dem «kleinen Grafen» unterwerfen würde.

Rudolf wusste, dass seine Autorität davon abhing, ob er Ottokar zum Gehorsam zwingen konnte oder nicht. Und natürlich wollte er seine Hausmacht vergrößern, und zwar im Osten des Reiches und auf Ottokars Kosten. Er ging Schritt für Schritt vor, verbündete sich mit Ottokars zahlreichen Feinden, vor allem dem König von Ungarn, isolierte seinen Gegenkandidaten politisch und versprach seinen Bundesgenossen reichen Lohn für ihre Unterstützung.

Im Machtkampf der Antipoden Ottokar und Rudolf ging es um eine bis heute aktuelle Orientierungsentscheidung Österreichs: entweder nach West- und Mitteleuropa, wie es Rudolf anstrebte – oder nach Osten, was Ottokar näher lag.

1273 wählten die Kurfürsten nun tatsächlich nicht den reichen Böhmenkönig Ottokar zum Deutschen König, sondern den «armen» Habsburger Rudolf. Die Fürsten erhofften sich von ihm eine schwache Führung, die ihre eigene Stellung nicht beeinträchtigte. Wie üblich wurden die Kroninsignien in einem feierlichen Zug unter schwerer Bewachung von Nürnberg zur Krönung nach Aachen gebracht. Auf dem Kaiserthron Karls des Großen wurde Rudolf zum Deutschen König gekrönt. Jahrhunderte später glorifizierte Friedrich Schiller in der Ballade «Der Graf von Habsburg» Rudolfs Königskrönung:

Laut mischte sich in der Posaunen Ton
Das jauchzende Rufen der Menge.
Denn geendigt nach langem verderblichen Streit
War die kaiserlose, die schreckliche Zeit,
Und ein Richter war wieder auf Erden.

Als Rudolf von Ottokar umstrittene Reichsrechte einforderte und nicht erhielt, überzog er 1278 Österreich mit Krieg. Nach erbitterten Kämpfen besiegte er in einer der größten Ritterschlachten des Mittelalters seinen Rivalen bei Dürnkrut östlich von Wien. Der Böhmenkönig wurde aber nicht im Kampf getötet, sondern ein Gefolgsmann Rudolfs ermordete den vom Pferd gestürzten König, als dieser hilflos am Boden lag.

Am Beginn der Habsburgerherrschaft stand also keineswegs der berühmte Satz: «Andere mögen Kriege führen, Du glückliches Österreich heirate». Denn Rudolf war vor allem Soldat. Da die Kurfürsten ihm nicht erlaubten, auch noch die österreichischen Erblande – Österreich, Steiermark, Krain und die Windische Mark – in Besitz zu nehmen, belehnte Rudolf damit seine Söhne Albrecht und Rudolf, die er 1282 in den Herzogsstand erhob. Und was Ottokars Erbe in Böhmen und Mähren betraf, verheiratete der vielfache Vater Rudolf eine seiner Töchter mit Ottokars Sohn und Nachfolger König Wenzel II. von Böhmen und einen seiner Söhne mit einer Tochter Ottokars.

Die Wiener aber, die König Ottokar wegen seiner Großzügigkeit und seiner künstlerischen Neigungen verehrt hatten, akzeptierten den neuen Landesherrn keineswegs. Rudolf blieb wegen seiner Härte, Unnahbarkeit und Sparsamkeit ein Fremder, vor allem in Wien. Da seine Söhne Probleme mit dem österreichischen Dialekt hatten, ließ Rudolf für sie eigens ein schwäbisch-österreichisches Wörterbuch erstellen.

Der Sieg über den Böhmenkönig legte die Basis für die zunehmende Hausmacht der Habsburger. Zur Überraschung der Kurfürsten erwies sich Rudolf als tatkräftiger Herrscher. Mit der Verkündung des «allgemeinen Landfriedens» eröffnete er im Reich den Kampf gegen Raubrittertum und Fehdewesen und nährte damit die Hoffnung auf Frieden und Rechtssicherheit.

Natürlich strebte auch Rudolf die Kaiserkrönung in Rom an, schon deshalb, weil er dann das Recht gehabt hätte, noch zu seinen Lebzeiten einen seiner Söhne zum König wählen zu lassen und damit die Nachfolge seiner Dynastie im Reich zu sichern. Aber da er immer wieder Kriege führte und seine Länder nicht monatelang verlassen konnte, fand er nie die Zeit zu einer langen und aufwendigen Romfahrt.

Wie konsequent und energisch König Rudolf für sein und seiner Dynastie Ansehen kämpfte, zeigt vor allem sein Ende: Als der 73jährige den Tod nahen fühlte, bestieg er sein Pferd und ritt mit großem Gefolge den weiten Weg nach Speyer, um dort zu sterben. So erfüllte sich sein größter Wunsch, im Kaiserdom von Speyer neben den Kaisern Konrad, Heinrich III., IV. und V. begraben zu werden. Sein großes Ziel, dem Haus Habsburg die Königswürde zu sichern, erreichte er jedoch nicht. In seinem Ehrgeiz förderte Rudolf auch die Legendenbildung. So ging über Jahrhunderte die Mär um, dass er von Kaiser Friedrich II. höchstpersönlich über das Taufbecken gehalten worden sei, was bereits den Säugling außerordentlich gemacht hätte. Diese Legende hatte lange Zeit durchaus politischen Wert, wurde aber von modernen Historikern klar widerlegt.

Grabplatte für Rudolf I.
im Dom zu Speyer

In Franz Grillparzers vaterländischem Drama: «König Ottokars Glück und Ende» wird Rudolf als tapferer gottesfürchtiger Held im Kampf gegen den slawischen Gewaltherrscher Ottokar verherrlicht, was den historischen Fakten nicht entspricht. Grillparzer ging es vor allem um die Überwindung des «Slawen» Ottokar durch die Lichtgestalt des frommen «deutschen» Herrschers Rudolf von Habsburg. Zu dieser Meinung passt das in Österreich beliebte Rudolf-Bild: Als frommer Christ steigt der König vom Pferd, um vor einem einfachen Priester und der Hostie niederzuknien – habsburgische Propaganda des 19. Jahrhunderts über «Rudolf den Frommen».

Nun dauerte es rund hundert Jahre, bis wieder ein Habsburger König wurde. In der Zwischenzeit wandte die Familie weiterhin erfolgreich jene Mittel des Landerwerbs an, die sie berühmt machten: geschickte Heiraten und Erbverträge. Auf diese Weise gelangten sie im 14. Jahrhundert zur Herrschaft in Kärnten, Tirol, Freiburg im Breisgau und Triest.

In den langen Jahren des nicht erreichten Kaiser- oder Königtums hörten die Habsburger nie auf, von künftiger Macht zu träumen. Das zeigt auch das Beispiel des 19jährigen Herzogs Rudolf IV., des «Stifters». Als er 1358 bei der Festlegung des Kurfürstenkollegs übergangen wurde, reklamierte er in einem gefälschten Freiheitsbrief («privilegium majus») eine Sonderstellung des Hauses Habsburg und beanspruchte hohe Würden wie den Titel eines «Pfalzerzherzogs» und das Tragen einer Bügelkrone, die eigentlich nur Kaisern und Königen vorbehalten war.

Rudolf IV. scheiterte in seinem Bestreben, Wien – das immer noch dem Bistum Passau unterstellt war – zum Bischofssitz zu erhöhen. Aber er baute die Stephanskirche in Wien prachtvoll aus. 1365 gründete er die Wiener Universität – heute noch «Alma Mater Rudolphina» genannt –, die zweitälteste nach der Prager Karls-Universität. Im selben Jahr noch starb der 26jährige Rudolf IV. nach siebenjähriger erfolgreicher Herrschaft an «hitzigem Fieber». Er liegt in der Fürstengruft des Stephansdomes begraben.

Seine noch sehr jungen Söhne Albrecht und Leopold herrschten nun in den habsburgischen Länden zu «gemeinsamer Hand», teilten aber die Länder nach heftigen Streitereien 1379 in eine österreichische und eine steirische Linie auf – mit den Zentren Wien und Graz. Die Grazer Linie teilte sich 1406/1411 in eine steirische und eine Tiroler Linie. Der «Bruderzwist im Hause Habsburg» blieb ein Problem der Dynastie und war kaum geeignet, diese zerstrittene Familie für die Reichskrone zu empfehlen.

3

FRIEDRICH III. UND MAXIMILIAN I.

1438 war es endlich so weit: Der tüchtige Habsburger Herzog Albrecht V., König von Ungarn und Böhmen, wurde zum Deutschen König Albrecht II. gewählt, doch ein Jahr später war er tot. Nachfolger wurde der 25jährige Habsburger Friedrich aus der steirischen Linie als Deutscher König Friedrich III. Dieser nahm den Humanisten, Gelehrten, Schriftsteller und Historiker Enea Silvio Piccolomini als Kanzleisekretär in seine Dienste und krönte ihn zum «poeta laureatus», also zum Dichterfürsten.

Von Piccolomini stammen die eindrucksvollen Erzählungen über den Wiener Alltag des 15. Jahrhunderts: «Die Weinkeller sind so tief und ausgedehnt, dass man sagt, unter der Erde wäre ein zweites Wien.» Ausführlich beschreibt er die Wiener Kirchen und: «Außerdem befindet sich hier ein Kloster, das den Namen des heiligen Hieronymus führt, wo bekehrte Straßendirnen Aufnahme finden, die Tag und Nacht deutsche Hymnen singen. Wird eine von diesen auf der Rückkehr zur Sünde betroffen, so wird sie in die Donau gestürzt.» Und er schimpft: «Übrigens gehen die Studenten selbst in Vergnügungen auf und haben nur Sinn für Wein und gutes Essen. Nur wenige werden wirklich Gelehrte, sie lassen sich auch nicht im Zaum halten. Tag und Nacht ziehen sie herum und sind für die Bürger eine wahre Plag. Zudem lässt sie die große Begehrlichkeit der Weiber an nichts anderes denken.»

Piccolomini bewährte sich auch als Brautwerber für den 37jährigen Friedrich, der in Rom die sehr reiche und intelligente 15jährige

Eleonore von Portugal heiratete. Drei Tage später vollzog – auf Piccolominis Initiative – der Papst persönlich die Kaiserkrönung Friedrichs III. im Petersdom. Es war dies die erste Kaiserkrönung eines Habsburgers in Rom und zugleich auch die letzte. 1458 wurde Piccolomini zum Papst Pius II. gewählt.

Friedrich III. machte nach fast hundert Jahren die einst von Rudolf IV. angemaßten Würden zum Gesetz. Er erhob die habsburgischen Länder 1453 zum Erzherzogtum, dem «Domus Austriaca» («Haus Österreich»), und alle Habsburger führten seither den Titel «Erzherzog». Von nun an stellten die Habsburger sämtliche Kaiser bis zum Jahr 1806, dem Ende des Heiligen Römischen Reiches Deutscher Nation – mit einer kurzen Ausnahme 1742 bis 1745 unter dem Wittelsbacher Karl VII.

Und wieder brach ein Familienstreit aus: Friedrichs jüngerer Bruder Albrecht, Bündnispartner des Böhmenkönigs Georg Podiebrad, belagerte die Hofburg. Die Wiener öffneten ihm die Stadttore und halfen sogar bei der Beschießung der Hofburg, in deren Keller die kaiserliche Familie geflohen war. Zu essen gab es dort nur Graupen, Erbsen und das Fleisch von Hunden, Katzen, Raben und anderem Getier. Der spätere Kaiser Maximilian, der als vierjähriges Kind diese schlimme Haft und den Hunger miterlebte, verzieh dies den Wienern nie. Nach der Freilassung zog es auch Kaiser Friedrich vor, nicht mehr in Wien, sondern in Wiener Neustadt und Innsbruck zu residieren.

Als 1463 sein kinderloser Feind und Bruder Albrecht überraschend an der Beulenpest starb, übernahm Friedrich sofort dessen Erbe, vor allem Oberösterreich. Er ließ das alte Linzer Schloss modernisieren und später auch eine Brücke über die Donau bauen. Nun war er der unbestrittene Herrscher Österreichs.

In seiner mehr als vierzigjährigen Regierungszeit träumte Friedrich III. trotz unglücklicher Kriege, Misserfolgen und Verbannungen immer noch von der habsburgischen Weltherrschaft. Seine Losung «AEIOU» wurde später unter anderem übersetzt mit: «Alles Erdreich

Friedrichs III. Motto AEIOU an der Kaiserempore der Liebfrauenkirche in Wiener Neustadt

ist Österreich untertan» oder: «Austriae est imperare orbi universo» («Es ist Österreich bestimmt, die Welt zu beherrschen»). Wahrscheinlich entstammt dieser rätselhafte Spruch aber eher den mystischen Beschäftigungen des Kaisers und ist deshalb kaum zu deuten. Zu dieser Zeit war der Spruch nur eine Illusion. Aber sehr bald wurde er Realität.

Friedrichs Sohn Maximilian, der elegante «letzte Ritter», heiratete 1477 die reichste Erbin ihrer Zeit: Maria von Burgund. Politisch brachte Burgund, bestehend aus den heutigen Niederlanden, Belgien und Luxemburg, den Habsburgern eine neue Westorientierung, damit aber auch die politische Feindschaft mit Frankreich, das ebenfalls Erbrechte auf Burgund einforderte. Die Folge war ein zweihundertjähriger, erbittert geführter Krieg.

Burgund war nicht nur sehr reich, es war auch die Heimat des «Ordens vom Goldenen Vließ«, dessen Würde bis heute vom Haus Habsburg verliehen wird. Die Insignien dieses Ordens sind in der Schatzkammer der Wiener Hofburg zu sehen. Die Wiener Nationalbibliothek hütet kostbare illustrierte Bücher aus Burgund, darunter Marias berühmtes Gebetbuch. Ganz gleich, welche der großen Sammlungen der Habsburger in Wien, Innsbruck, Madrid oder Prag man zu Rate zieht: Münzen, Waffen, Gemälde, Kunstgewerbe, Graphik – überall gibt es Zeugnisse der hohen burgundischen Kultur und Weltoffenheit.

Aus Maximilian wurde in Burgund der Freund der Turniere, der Musik, der Künste und Wissenschaften. Seine Ehe mit Maria war sehr glücklich. 1478 wurde in Brügge Philipp «der Schöne» geboren, 1480 in Brüssel Margarete, die spätere tüchtige Statthalterin der Niederlande. 1482 endete Maximilians Glück abrupt: Die 25jährige lebensfrohe Maria stürzte vom Pferd und starb nach langen Qualen an inneren Verletzungen. Sie wurde in Notre Dame in Brügge beigesetzt.

Von nun an hatte Maximilian in Burgund große Probleme. Die flämischen Städte weigerten sich, ihn als Landesherrn anzuerkennen und nahmen seine beiden Kleinkinder als Geiseln. Gent und Brügge huldigten dem fünfjährigen Philipp als Graf von Flandern. Die dreijährige Margarete wurde im selben Jahr an den französischen Hof gebracht und mit dem Dauphin verheiratet. Vater Maximilian hatte keine Möglichkeit, seine Kinder zu sehen.

1486 wurde Maximilian zum Deutschen König gewählt und damit zum künftigen Nachfolger seines Vaters Friedrich III. Das bewahrte ihn aber nicht davor, zwei Jahre später 14 Wochen lang Gefangener der Bürger von Brügge zu sein. Vater Friedrich befreite ihn. Ohne Geld und ohne Truppen verließ Maximilian nun Burgund. Kein Wunder, dass er für sich den Wahlspruch «Per tot discrimina rerum» wählte, also «Durch so viele Gefahren».

1485 eroberte der 27jährige Ungarnkönig Matthias Corvinus Wien und lebte nun mit seiner Frau und großem Gefolge in der Hofburg. Corvinus, aus der Familie Hunyady stammend, war ein glänzender Renaissancefürst, der seine Residenzstadt Buda zu einer der schönsten Städte Europas gemacht hatte. Seine Bibliothek

«Corviniana» war die kostbarste seiner Zeit. Die Wiener liebten ihn wegen seiner Großzügigkeit, Gerechtigkeit, seiner Liebe zu Musik, Kunst und den Wissenschaften. Er war es auch, der das schöne Ziegeldach der Stephanskirche stiftete. Als der erst 32jährige 1490 plötzlich starb, betrauerten ihn die Wiener sehr. Nun zog Maximilian wieder in Wien ein, wurde aber diesmal freundlich aufgenommen.

Maximilians alter Vater Friedrich III. residierte weiterhin in Linz. Nicht seine Tüchtigkeit und Intelligenz, sondern vor allem Beharrlichkeit hatte in vielen brenzlichen Situationen für den Fortbestand seiner Regierung gesorgt, auch wenn er beim Volk den Spottnamen «des Römischen Reiches Erzschlafmütze» hatte. Trotz aller Niederlagen, Kriege und Fluchten gelang es ihm doch immer wieder, seine Feinde zu überleben und zu beerben. Dies wiederum stärkte seinen Glauben an die vielzitierte Legende vom «Mirakel des Hauses Österreich» und die göttliche Auserwähltheit der Habsburger.

1493 amputierten die Ärzte das durch Altersbrand zerstörte Bein des 78jährigen Kaisers. Einige Wochen später starb er nach 51jähriger Regierung im von ihm liebevoll ausgebauten Linzer Schloss. Sein Herz und die Eingeweide wurden in der Linzer Pfarrkirche bestattet. Sein Körper fand erst 1513 die letzte Ruhe im prachtvollen Renaissance-Hochgrab im Wiener Stephansdom.

Als Maximilian in diesen unruhigen Zeiten mit leeren Kassen die Nachfolge des Vaters antrat, war an eine Kaiserkrönung in Rom nicht zu denken. Er hatte aus rein finanziellen Gründen 1493 ein zweites Mal geheiratet, und zwar die sehr reiche Bianca Maria Sforza, die Erbin von Mailand. Die Heirat brachte ihm 300 000 Gulden ein, die er für seine Kriege dringend brauchte. Die Braut aber musste nach der Hochzeit, bei der sie nicht anwesend war, noch vier Monate warten, bis ihr Ehemann sie endlich einmal kurz in Innsbruck besuchte. Fortan lebte sie mit ihrem Hofstaat einsam, von Maximilian getrennt und kinderlos und starb 1511 38jährig in Innsbruck. Dort erinnert das schöne Relief am Erker des «Goldenen Dachls» heute noch an Max und seine beiden so unterschiedlichen Ehefrauen.

1496 trat Maximilian das reiche Erbe seines kinderlosen Onkels, des senilen Erzherzogs Sigismund von Tirol an, der wegen der ihm gehörenden Silbervorkommen in Hall tatsächlich der «Münzreiche» war. Aber bereits 1500 plagte Max wieder die Finanznot, und er musste die Silberbergwerke an seinen Kriegsfinancier Fugger verpfänden.

Im kleinen Innsbruck mit seinen rund 5000 Einwohnern fühlte sich Max wohl. Er modernisierte die Verwaltung, ließ zahlreiche Häuser bauen und genoss die Natur, die Berge und die Jagd. Als Kriegsherr, der großen Wert auf moderne Bewaffnung legte, machte er das Innsbrucker Zeughaus zum wichtigsten Rüstungsdepot seiner Erblande. Bis heute ist die Stadt von Maximilian geprägt, auch was die Kunst betrifft. Denn er holte bedeutende Maler, Bildhauer und Erzgießer in die Stadt, und als Musikfreund scharte er gerne Komponisten und Musikanten um sich. Im nahen Stift Wilten gründete er eine Hofmusikkapelle mit Sängerknaben. 1498 nahm er sechs dieser Kinder mit nach Wien, woraus sich der Chor der weltberühmten Wiener Sängerknaben bildete. Als Freund der Wissenschaften, Herausgeber und Autor der beiden autobiographischen Bücher «Weißkunig» und «Theuerdank», eines Buches über die «Falknerey» und einer sechsbändigen «Genealogie des Hauses Österreich» machte sich Maximilian einen guten Namen bis heute.

Vor allem aber ging er als Meister im Arrangieren politisch wichtiger Hochzeiten in die Geschichte ein. 1496 setzte er seinen lang gehegten Plan durch, seine beiden Kinder mit den Erben Kastiliens und Aragons zu verheiraten: Sohn Philipp «der Schöne», seit zwei Jahren engagierter Landesherr Burgunds, heiratete Juana von Kastilien, die, kaum, dass sie ihren Bräutigam zum ersten Mal erblickt hatte, in hysterischer Liebe zu ihm entflammte. Maximilians Tochter Margarete, die zehn Jahre lang vergeblich am französischen Hof zur Königin von Frankreich erzogen worden war, wurde 1496 in Mecheln per procuram mit Juanas Bruder, dem 19jährigen Thronfolger Juan verheiratet und nach Spanien gebracht. Als bei der Überfahrt auf dem Meer starker Sturm wütete, dichtete die Braut verzagt in französischer Sprache: «Hier liegt das liebe Fräulein Margarete, das zwei Ehemänner hatte und immer noch Jungfrau ist.»

Nach sechsmonatiger Ehe starb Juan plötzlich – und vier Jahre später auch der nächste Thronfolger. Damit war Juana die Alleinerbin Kastiliens und Aragons mit reichen italienischen Besitzungen wie Neapel. Ihren geliebten, wenn auch untreuen Philipp den Schönen setzte sie als Mitregenten und König von Kastilien ein. Als der 28jährige Philipp 1506 nach einem hitzigen Ballspiel unerwartet starb, verwirrte sich der Geist der Königin. Ihre höfische Umgebung förderte diesen Zustand und nützte Juanas Hilflosigkeit für eigene politische Zwecke. 1507 zog sich Juana zurück. Zehn Jahre später wurde ihr 17jähriger Sohn Karl (der spätere Kaiser Karl V.) ihr Mitkönig in Kastilien. Juana, die den Habsburgern den Aufstieg zur Weltmacht ermöglichte, vegetierte noch 35 Jahre lang einsam und trauernd dahin.

Die sechs gesunden Kinder, die der Ehe der zu Unrecht geschmähten Königin Juana und ihres geliebten Philipp des Schönen entstammten, machten die Familie Habsburg in aller Welt erfolgreich: Eleonore, geboren 1498, war Königin von Portugal und Frankreich. Karl, geboren 1500, wurde Kaiser Karl V. und Isabella, geboren 1501, brachte es zur Königin von Dänemark. Ferdinand, geboren 1503 und seit 1521 mit Anna von Ungarn und Böhmen verheiratet, wurde Kaiser Ferdinand I. mit Sitz in Wien. Die 1505 geborene Maria wurde Königin von Böhmen und Mähren, und die 1507 nach dem Tod des Vaters geborene Katharina Königin von Portugal.

Dank der Königin Juana waren die Habsburger nun auf dem Höhepunkt ihrer Herrschaft. Österreich und Wien waren nur noch Nebenschauplätze des weltumspannenden Habsburgerreiches, das zwischen 1500 und 1700 seine große Blüte hatte.

Maximilian knüpfte 1515, diesmal als Großvater, die Fäden zu zwei weiteren politischen Ehen, die Weltgeschichte machten: die

Bernhardin Strigel, Maximilian I. in goldener Rüstung, um 1510

prachtvolle Habsburger Doppelhochzeit im Wiener Stephansdom. Die in ein goldenes Kleid gehüllte zwölfjährige Braut Anna, Tochter des Königs von Ungarn und Böhmen, zog in einer goldenen Kutsche in Wien ein. Aber der Bräutigam fehlte. Denn es war noch unklar, ob Juanas ältester Sohn Karl oder dessen in Spanien lebender zwölfjähriger Bruder Ferdinand die Braut heiraten sollte. Vorerst heiratete Großvater Maximilian pro forma die kindliche Braut. Denn er hatte große Eile, seine mächtigsten Rivalen im Kampf um das Erbe auszubooten.

Das zweite Paar der Wiener Doppelhochzeit waren Juanas Tochter Maria und der einzige Sohn des Böhmenkönigs: Wladislaw Ludwig. Damit waren die habsburgischen Ansprüche auf Böhmen und Ungarn doppelt abgesichert.

Aber Maximilian, der Kaiser der Renaissance, Begründer der Weltmacht der Habsburger, legendenumwoben als «letzter Ritter», war nicht nur Politiker, Krieger, Autor und Kunstfreund, er hatte auch geradezu phantastische Pläne. So träumte er 1511 davon, die höchsten Würden der Christenheit – Papst und Kaiser – in seiner Person zu vereinen, was ihm freilich nicht gelang. Es war die Zeit einer Art Los-von-Rom-Bewegung. Nur sechs Jahre später schlug Luther seine kritischen Thesen an. Und König Heinrich VIII. von England machte sich 1534 zum Oberhaupt der englischen Kirche.

Im November 1518 kam der bereits kränkliche Kaiser Max zum letzten Mal nach Innsbruck. Die dortigen Gastwirte aber verwehrten seinem Gefolge die Übernachtung in der Stadt, da Max seine Schulden nicht bezahlt hatte. Daraufhin kehrte er verärgert dieser einst so geliebten Stadt den Rücken. Zwei Monate später starb der 60jährige in Wels, auf dem Weg nach Wien, und wurde, wie er gewünscht hatte, in Wiener Neustadt beigesetzt. Laut seiner Weisung wurde sein Herz nach Brügge gebracht und in den Sarg seiner geliebten Maria von Burgund gelegt.

Maximilians künstlerisches Hauptprojekt sind die 28 schwarzen «Mander» (Männer), die ihn in der Innsbrucker Hofkirche rund um den prunkvollen, wenn auch leeren Sarg betrauern, darunter die Herrscher und Herrscherinnen des damaligen Europa. Die besten Künstler der Zeit, so auch Albrecht Dürer, arbeiteten an diesem weltberühmten Kunstwerk, das erst achtzig Jahre nach Maximilians Tod fertig wurde. Seine Nachfolger, Enkel und Urenkel zahlten für dieses Werk riesige Summen.

In seiner 40jährigen Regierung hatte Maximilian mit wechselndem Erfolg 25 Kriege geführt und mit geschickten Heiraten seiner Kinder und Enkel die internationale Dimension des Hauses Habsburg bis zur Weltmacht erweitert. Dass gerade in dieser Zeit die zu Portugal und Spanien gehörenden überseeischen Länder eine große wirtschaftliche Bedeutung erhielten, war nicht vorherzusehen und reines Glück für die Habsburger. Mit Geschick und hoher Intelligenz hatte Maximilian aus dem kleinen Erzherzogtum Österreich ein Weltreich gemacht.

4

VON KARL V. BIS ZUM DREISSIGJÄHRIGEN KRIEG

Maximilians Enkel Karl, ältester Sohn Philipps des Schönen und Juanas, der sogenannten «Wahnsinnigen», wurde mit sechs Jahren Herzog von Burgund, mit fünfzehn Regent der Niederlande, mit sechzehn König von Spanien, mit neunzehn Deutscher König und mit zwanzig 1520 in Aachen zum Kaiser gekrönt. Er herrschte nun im Heiligen Römischen Reich, in Burgund, dem Königreich Neapel Sizilien, den österreichischen Erblanden, vor allem aber in Spanien mit den immer wichtiger werdenden Kolonien in Übersee. Dort eroberten die spanischen Truppen 1521 auch noch Mexiko und 1533 Peru. Das spanische Habsburgerreich hieß nun: «Reyes de la casa de Austria», «Reyes Austriacos» oder kurz: «los Austrias». Und noch als mächtigster Herrscher der Welt beharrte Karl V. auf seinem Wahlspruch: «Plus ultra» (Mehr, weiter)!

Wie sein Großvater Max war nun auch Karl V. ständig unterwegs, und zwar zu Pferd, immer umgeben von einem großen Tross von Begleitern und unendlich vielen Wagen mit Munition, Rüstungen, Waffen, Lebensmitteln. Seine großen Kriege richteten sich vor allem gegen Frankreich, Mailand und Tunis.

Fast überall, auch auf dem Schlachtfeld, herrschte ein großes Sprachenchaos, die Verständigung war sehr schwierig. Karl sprach vor allem Spanisch und scherzte: «Ich spreche Spanisch zu Gott, Italienisch zu den Frauen, Französisch zu den Männern und Deutsch zu meinem Pferd.»

Die zahlreichen strapaziösen und gefährlichen Reisen verbrauchten viele Kräfte. Das Reich Karls V. war ein Weltreich, wie es in dieser Größe nie existiert hatte und auch später nie mehr existieren sollte. Bald sah er ein, dass dieses Reich nicht von einem einzigen Herrscher zu führen war und überließ bereits 1522 seinem 19jährigen Bruder Ferdinand die Statthalterschaft im Heiligen Römischen Reich und in den österreichischen Erbländern.

Dort gab es Probleme: Obwohl Martin Luther seit dem Vorjahr in der Reichsacht war, ließ sich der Protestantismus nicht eindämmen. 1525 brachen, beeinflusst durch die neuen evangelischen Lehren, Bauernaufstände aus. Im Osten rückten die Türken in Ungarn vor, verwüsteten das Land und zogen immer näher in Richtung Wien. Aber zunächst konnte von einer effizienten Herrschaft des jungen Ferdinand ohnehin keine Rede sein, denn er musste erst einmal Deutsch lernen, was ihm rasch gelang.

Als sein Schwager König Ludwig II. von Böhmen und Ungarn 1526 im Türkenkrieg starb, trat Ferdinand auch dessen Erbe an. Nun wurden Österreich, Böhmen und Ungarn erstmals gemeinsam von einem Habsburger regiert – und dies sollte bis 1918 so bleiben.

1529 standen die türkischen Heere unter Sultan Suleiman II. zum ersten Mal vor den Toren Wiens und wurden nur mit größten Mühen zurückgeschlagen. Als Unwetter und Seuchen bei den Türken hohe Verluste forderten, mussten die Belagerer abziehen. Bei ihrem Rückzug verwüsteten sie fast ganz Ungarn.

Während Karl V. weiter Krieg führte, kümmerte sich sein Bruder Ferdinand in Wien um den Schutz des Reiches. In Ungarn ließ er die ersten Festungen gegen den Osten bauen als Beginn der österreichischen Militärgrenze. Vor allem vermittelte er zwischen den Konfessionen und schaffte es, im Augsburger Religionsfrieden 1555 die jahrzehntelangen Religionskämpfe zu beenden: Katholiken wie Protestanten wurde nun gleichermaßen Religionsfreiheit zugesichert. Gemäß der Regelung: «cuius regio, eius religio» bestimmte die Konfession des Landesherren die seiner Untertanen, und es gab im Reich

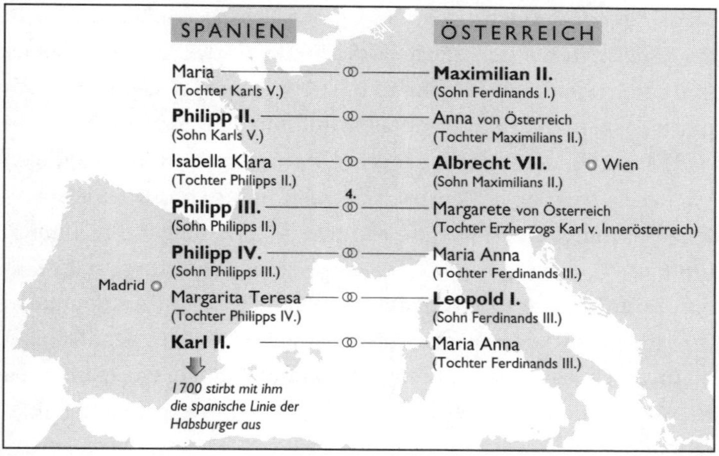

Ehen zwischen spanischen und österreichischen Habsburgern

nun katholische und evangelische Länder. Doch bald brachen wieder neue Religionskämpfe aus.

Von jahrzehntelangen Kriegen zermürbt und von Gicht geplagt, dankte der 54jährige Karl V. 1556 als Kaiser des Heiligen Römischen Reiches ab und zog sich in das spanische Kloster San Jeronimo de Yuste zurück, wo er zwei Jahre später starb. Er war und blieb der einzige Herrscher, der das Weltreich der Habsburger allein regierte. Von der «Weltherrschaft» aber (Monarchia universalis) hatte er vergeblich geträumt.

Karls Länder wurde nun zwischen seinem Sohn Philipp und seinem Bruder Ferdinand aufgeteilt: Philipp II. erhielt den reicheren Teil des Erbes mit Spanien, Burgund, dem Königreich Neapel und den überseeischen Ländern, wozu 1565 noch die Philippinen kamen. 1580 wurde er auch König von Portugal und dessen Kolonien. Die spanischen Habsburger waren nun die mächtigste Dynastie der Welt.

Im Reich trat Ferdinand die Nachfolge seines Bruders an und übernahm das Erbe der österreichischen Länder, Ungarns und Böhmens mit der Residenz in Wien. Um die habsburgischen Länder in der Familie zu halten, pflegte er die Kontakte zwischen spanischen und österreichischen Habsburgern. Der Wiener Hof schmückte sich nun mit spanischer Kultur, Sprache und Mode. Und zwischen Wien und Madrid bildete sich eine regelrechte «Heiratsstraße». Die jungen Wiener Erzherzöge reisten nach Spanien, um sich dort eine spanische Habsburgerin als Ehefrau zu suchen – und umgekehrt. Immerhin hatte Ferdinand I. mit Anna von Böhmen und Ungarn 15 Kinder, darunter zwei spätere Kaiser: Maximilian II. und Ferdinand II.

Um 1600 war der Name «Austria» in aller Welt ein Begriff – aber nicht durch das kleine Österreich, sondern durch die spanischen Habsburger und deren weltumfassendes Reich, wo »die Sonne nicht unterging».

Maximilian II. war der erste Habsburger, der in Frankfurt zum König gewählt und auch gekrönt wurde. Denn als der Kölner Erzbischof, der die Krönung zelebrieren sollte, überraschend starb, war keine Zeit, bis zur Wahl eines neuen Erzbischofs zu warten, zumal im Winter. So entschieden die Kurfürsten, die Krönung nicht wie bisher in Aachen, sondern in Frankfurt zu vollziehen. Von nun an fand in Frankfurt sowohl die Wahl wie auch die Krönung eines neuen Kaisers statt. Der Kaiserthron Karls des Großen wurde in einem stark bewaffneten Zug unzähliger Reiter und Wagen von Aachen nach Frankfurt transportiert. Die Reichskleinodien (Mantel, Szepter und Reichsapfel) kamen wie immer aus Nürnberg.

Rudolf II., seit 1576 Kaiser, verlegte die Reichsverwaltung nach Prag und wohnte unverheiratet im Hradschin. Zwei Probleme prägten seine Herrschaft: die Religionsspaltung und die Türkengefahr. Kurz vor seinem Tod noch verfasste er 1609 die Majestätsbriefe, worin er den protestantischen Aristokraten die Religionsfreiheit zusicherte. Der oft schwermütige Rudolf ist heute vor allem als kenntnisreicher Kunstsammler bekannt. Er beschäftigte sich aber auch intensiv mit Alchemie und Okkultismus. Und er holte die Astronomen Johannes Kepler und Tycho Brahe nach Prag. Rudolf starb 1612 in Prag. Sein Bruder und Feind Matthias übernahm die Herrschaft in einer Zeit, als Katholiken und Protestanten immer feindseliger gegeneinander wurden.

Am 23. Mai 1618 warfen wütende Protestanten zwei katholische Statthalter und den Schreiber Johannes Fabricius aus einem Fenster der Prager Burg in die Tiefe. Die Männer überlebten, da sie angeblich auf Misthaufen landeten, und der Schreiber erhielt später den Zunamen «von Hohenfall».

Mit dem Prager Fenstersturz begann der Dreißigjährige Krieg. Auslöser für die Tat war der Jesuitenzögling König Ferdinand von Böhmen, der energisch auf die Protestanten losging und deren garantierte Religionsfreiheit widerrief. Lutherische Böhmen, Mährer und Bürger aus Nieder- und Oberösterreich unterstützten die Aufständischen, erklärten 1619 den inzwischen zum Kaiser avancierten Ferdinand II. für abgesetzt und wählten den protestantischen Kurfürsten Friedrich V. von der Pfalz zum König von Böhmen.

Aber die katholische Liga besiegte 1620 die protestantische Union am Weißen Berg und marschierte am nächsten Tag in Prag ein. Auf dem Altstädter Ring wurden 27 aufständische lutherische Aristokraten hingerichtet. Kaiserliche Soldaten zerstörten protestantische Kirchen und entließen Prediger und Lehrer. Tausende Protestanten flohen aus Prag, so auch Friedrich von der Pfalz, der nun als «Winterkönig» in die Geschichte einging.

1621 verpfändete der überschuldete Kaiser das überwiegend protestantische Oberösterreich an das Herzogtum Bayern. Da laut dem Augsburger Religionsfrieden die Bevölkerung dieselbe Konfession haben musste wie der Herrscher, begann Herzog Max I. von Bayern sofort mit einer rigorosen Rekatholisierung Oberösterreichs. Als empörte Protestanten den neuen katholischen Pfarrer verjagen wollten, wurden sie dafür vom bayerischen Statthalter Graf Adam Herberstorff in einem grausamen Spiel bestraft. Die festgenommenen Anführer mussten im Schloss Frankenburg um ihr Leben würfeln: 17 Verlierer wurden gehenkt, 17 Sieger überlebten. Dies löste den oberösterreichischen Bauernkrieg aus. Ein Fahnenspruch der Protestanten von 1626: *Vom bayrischen Joch und Tyrannei / und seiner großen Schinderei, / mach uns o lieber Herrgott frei.*

Anführer der Revolte gegen die Bayern waren der Bauer Stefan Fadinger und dessen Schwager Christoph Zeller. Nicht nur mit Dreschflegeln und Spießen, sondern auch mit immer mehr Schusswaffen und schließlich auch Kanonen zogen die Bauern in den Krieg. Nach ersten Erfolgen in Eferding, Wels, Kremsmünster und Steyr – die meisten Städte öffneten freiwillig ihre Tore – belagerten die Bauern Linz, und zwar mit dreißig Geschützen. Fadinger wurde bei einem Erkundungsritt nahe der Stadtmauer angeschossen, schwer am Fuß verwundet und starb zwei Wochen später an Blutvergiftung. Sein Bauernhof wurde niedergebrannt, seine Frau und die Kinder wurden des Landes verwiesen. Fadingers Stellverteter Zeller wurde in Urfahr bei Linz erschossen.

Die Bauern hatten ihre Führer verloren und gaben, nachdem mehr als zweitausend Bauern gefallen waren, auf. 18 Anführer wurden hingerichtet. Die übrigen mussten ihre Heimat sofort verlassen. Der Katholizismus hatte gesiegt.

Außerhalb der österreichischen Länder ging der Krieg weiter, bis fast ganz Europa verwickelt war. Hunger und Seuchen quälten Katholiken wie Protestanten, Grafen wie Bettler. Die Bevölkerung allein des Heiligen Römischen Reiches verringerte sich von 15 Millionen im Jahr 1600 auf zehn Millionen Einwohner um 1650. Weite Landstriche waren so verwüstet, dass die Bewohner zu umherirrenden Bettlern wurden.

Erst 1648 waren die europäischen Mächte zum Frieden bereit. Um Streit zu vermeiden, konferierten die katholischen Kriegsparteien in Münster und die Protestanten in Osnabrück. Am 24. Oktober wurde in Münster der Westfälische Frieden besiegelt. Von nun an gab es für jedermann die freie Religionswahl. Lutherische und Katholiken waren gleichgestellt. Europa wurde neu aufgeteilt. Es war endlich Friede.

5

LEOPOLD I., DER «TÜRKENPOLDI»

Zehn Jahre nach Kriegsende wurde Leopold I. Kaiser. Um das spanische Erbe zu erhalten, heiratete er 1666 seine 15jährige Cousine und Nichte, die spanische Habsburgerin Margarita Teresa. Höhepunkt der wochenlangen Hochzeitsfeiern war ein prunkvolles Rossballett auf dem Wiener Burgplatz, wobei sich der Bräutigam als Kunstreiter bewundern ließ. Bräutigam und Braut sprachen miteinander spanisch. Die Wiener Hofsprache war in dieser Zeit Italienisch. Deutsch verstand die neue Kaiserin nicht. In sechs Ehejahren war sie sechsmal schwanger, aber nur eine Tochter überlebte die Kinderjahre – ein typisches und trauriges Beispiel für die Auswirkungen des jahrhundertlangen Inzests der Habsburger.

Margarita Teresa trat neben ihrem Ehemann in den von ihm komponierten Barockopern als Sängerin auf. Ihre spanische Frömmigkeit aber war verbunden mit aggressiver Intoleranz gegen alle «Ungläubigen», vor allem Türken und Juden. 1669 soll es die «Spanierin» gewesen sein, die den Kaiser veranlasste, alle Juden aus Wien zu vertreiben und die Synagoge in der «Judenstadt» zu zerstören. An der Stelle der Synagoge wurde nun die Kirche zum Hl. Leopold gebaut als Zentrum der «Leopoldstadt», dem heutigen 2. Bezirk. Eben dort siedelten sich später wieder viele Juden an, bis sie von den deutschen und österreichischen Nazis verjagt und ermordet wurden.

Erst in seiner dritten Ehe mit der weniger eng verwandten Eleonore von Pfalz-Neuburg hatte Leopold zehn gesunde Kinder, darunter zwei Thronerben: Josef I. und Karl VI.

Im Herbst 1678 wurde die Pest aus Ungarn nach Österreich eingeschleppt, da viele Menschen aus Angst vor den Türken nach Westen flohen. Bald breitete sich die Seuche in den Wiener Vorstädten aus, wie der Chronist Johann Konstantin Feigius schilderte: «Im September waren um die ganze Stadt herum fast alle Lust- und Weingärten, Gassen und Straßen mit todkranken Leuten angefüllt, ja sogar, dass man nicht Leute genug haben konnte, die Toten unter die Erde zu bringen.»

1679 erreichte die Pest die Innenstadt. Das große Sterben begann nun auch hier. Laut Feigius lag bald «ganz Wien in den letzten Zügen», und weiter: «Da sah man ganze Wagen voll der Edlen und Unedlen, Armen und Reichen, Jungen und Alten beiderlei Geschlechts durch alle Gassen zum Tor hinaus führen. Fiel eines vom Wagen, so warfen es die Siechknechte, nicht anders als ein Stück Holz, wiederum hinauf, welches nichts anders als Furcht und Schrecken denjenigen einjagte, welche, in den engen Gassen gehend, solchem Spektakel entgegenkamen. Diese retirierten sich in die Kirchen, nahmen ihre Zuflucht in die Beichtstühle: es begrüßte dort ein Freund den andern, doch mit verhaltenen Mund und Nase.»

Als auch die «Siechknechte» nach und nach starben, wurden Häftlinge aus den Gefängnissen geholt, um die Toten aus der Stadt zu bringen. In der Chronik heißt es: «Oft war der Vater tot zur Haustür hinausgetragen, und die Mutter lag in den letzten Zügen: die etwas erwachsenen Kinder schrieen indessen um Brot, und das Säugkind schrie und weinte aus Abgang der Milch an der Brust der sterbenden und toten Mutter ... Haufenweise liefen die Kinder den Totenwagen, worauf man ihre Eltern ausgeführt, durch Gassen und Plätze nach und gaben ihnen mit großem Geschrei, Geheul und Weinen das Geleit bis zu den Grüften.» Das einst so elegante Wien hatte laut Feigius »ein wüstes und ganz fürchterliches Aussehen». Die kaiserliche Residenzstadt habe sich «in eine Trauerschaubühne» gewandelt.

Eine Szene wurde berühmt: Die Siechknechte warfen im allgemeinen Chaos auch einen betrunkenen Sackpfeifer namens Augustin auf einen Sammelwagen der Pestleichen und dann in ein Massengrab. Der Mann schlief auf den Leichen seinen Rausch aus, wusste im Morgengrauen nicht, wo er war und stieg fluchend auf den toten Körpern herum, bis die Siechknechte ihn herausholten. Dieser Dudelsackpfeifer, der von der Pest verschont blieb, heiterte nun mit seinen Geschichten und Liedern die Wiener immer wieder auf und wurde dadurch berühmt. Erst um 1800 wurde folgendes Lied in mehreren Varianten populär:

O du lieber Augustin, alles ist hin; 's Geld ist hin, d'Freud ist hin;
O du lieber Augustin, Alles ist hin! Ach und selbst das reiche Wien
Arm jetzt wie Augustin, Seufzt mit mir in gleichem Sinn: Alles ist hin.
Jeden Tag war sonst ein Fest; Und was jetzt? Pest, die Pest!
Nur ein groß' Leichennest, Das ist der Rest!
O du lieber Augustin, Leg nur ins Grab dich hin,
Ach du mein liebes Wien, Alles ist hin!

Der «liebe Augustin», auch wenn er vielleicht nur Legende ist, gilt seither als der typische Wiener, der sich mit Humor und Wein über alle möglichen, auch die schlimmsten Katastrophen hinwegrettet. Heute noch erinnert in Wien ein Brunnen mit der Augustin-Statue an den alten Lebenskünstler.

Nach dem Ende der Pest erfüllte Kaiser Leopold, der im August 1679 mit seiner Familie und dem Hofstaat Wien verlassen hatte, sein Gelübde, am Wiener Graben, dem Mittelpunkt der Stadt, eine Gnadensäule für die Heilige Dreifaltigkeit zu stiften, die als Pestheilige galt. Die ersten Künstler des Reiches schufen in jahrelanger Arbeit dieses barocke Kunstwerk mit einer Vielzahl von Figuren und Symbolen. Leopold ist als knieend betender Stifter im Prunkharnisch dargestellt. In seiner Nähe ist eine Marmorgruppe mit der Gestalt des Glaubens, die in der Hand ein Kreuz trägt und damit die Pest, ein Schreckgespenst mit wirren Haaren, in die Hölle stürzt. Natürlich legte der Kaiser auch Wert darauf, sein Reich zu präsentieren und tat dies durch das Wappen Österreichs mit der Kaiserkrone Rudolfs II., das Wappen Ungarns mit der Stefanskrone und das Wappen Böhmens mit der Wenzelskrone.

Nach der Pest kamen die Türken unter dem Großwesir Kara Mustafa und belagerten Wien seit dem 13. Juli 1683 ein zweites Mal mit einem riesigen Heer. Die Kaiserfamilie floh mit einem großen Tross nach Passau. In der dortigen Wallfahrtskirche Mariahilf, wo Leopold seine dritte Ehefrau geheiratet hatte, betete das Paar vor dem Mariengnadenbild täglich um den Sieg über die Türken. Die kräftigste militärische Unterstützung kam vom Polenkönig Johann Sobieski und Herzog Karl V. von Lothringen, Kaiser Leopolds Schwager.

Am 12. September begann an den Hängen des Kahlen- und Leopoldberges, also außerhalb Wiens, die große Entsatzschlacht. Mit dem Kampfruf: «Maria hilf!» wurden die Türken zurückgeschlagen und nach Osten vertrieben. Von nun an wurde Leopold I. im Volk liebevoll «Türkenpoldi» genannt. Großwesir Kara Mustafa wurde am 25. Dezember 1683 in Belgrad hingerichtet.

Nach 160 Jahren türkischer Besatzung wurde 1686 auch Ofen/Pest, das heutige Budapest, befreit. Damit war ganz Ungarn wieder in habsburgischer Hand. 1688 fiel Belgrad. 1689 begann die Wiederbesiedlung der durch die Türken verwüsteten, fast menschenleeren Länder und zwar vor allem durch die «Schwaben», wie man die deutschen Siedler nannte. Im Frieden von Karlowitz 1699 wurde das Habsburgerreich um Slawonien und Siebenbürgen größer.

Vor allem aufgrund der Leistungen des «edlen Ritters» und tüchtigen Heerführers Prinz Eugen von Savoyen war Österreich nun eine europäische Großmacht. Die Türkenkriege wurden bald Legende. Und mit der Zeit fand man bei den Türken auch angenehme Dinge: die in Wien heute noch üblichen halbmondförmigen «Kipferln» (weiße Brötchen), die Tänze «alla turca», die Mozart so liebte, und die Geschichte der Oper «Die Entführung aus dem Serail», in der sich der Türke als humaner Herrscher präsentiert, und manches andere.

Leopold I. war ein kenntnisreicher Kunstsammler. In seiner unschätzbaren Bildersammlung befand sich bereits der große Bilderbestand Kaiser Rudolfs II. Und nun erbte er auch noch vom reichen Erzherzog Leopold Wilhelm den größten Teil der riesigen Gemäldesammlung vor allem der niederländischen Schule, die der Erzherzog in Brüssel zusammengetragen hatte. All diese Kostbarkeiten sind heute Prunkstücke des Kunsthistorischen Museums in Wien.

Als die spanischen Habsburger vor dem Aussterben standen, hoffte Kaiser Leopold auf deren Erbe. Damals wusste man noch nicht, dass wiederholte Inzucht die Ursache gehäufter Kindersterblichkeit und Geistesschwäche ist. Im spanischen Zweig der Habsburger hatte zum Beispiel Don Carlos, der Sohn Philipps II., durch die ständigen Verwandtenehen statt der üblichen acht Urgroßeltern nur vier, statt der 16 Ururgroßeltern nur sechs. Er war kränklich, hatte Lernprobleme, neigte zu gewaltsamen Exzessen und war nicht regierungsfähig. Schillers «Don Carlos» hat also wenig mit der historischen Person gemeinsam.

Die spanische Linie der Habsburger endete 1700 mit dem Tod des zeugungsunfähigen Königs Karl II. Damit begann der Kampf ums Erbe zwischen dem Deutschen Kaiser Leopold I. und König Ludwig XIV. von Frankreich, die beide einst mit spanischen Habsburgerinnen verheiratet gewesen waren. Aber Karl II. hatte in seinem Testament den französischen Prätendenten Philipp von Anjou als seinen Nachfolger bestimmt. Die Konsequenz war der Spanische Erbfolgekrieg.

Nach dem frühen Tod seines Bruders Josef I. wurde der bisherige König von Spanien, Karl III., deutscher Kaiser. Er hatte bisher mit der schönen, blonden und tatkräftigen Elisabeth Christine aus dem Haus Braunschweig-Wolfenbüttel in Barcelona gelebt. Nun kehrte er als Kaiser Karl VI. nach Wien zurück, ernannte aber seine Frau zur Statthalterin für sämtliche Länder Spaniens. Elisabeth Christine erwies sich als tüchtige und sehr beliebte Regentin, musste aber nach wenigen Jahren nach Wien zurückkehren. Denn der Spanische Erbfolgekrieg endete 1714 mit dem Ergebnis, dass das reiche Erbe an Philipp von Anjou ging, der nun König von Spanien wurde. Die Wiener Habsburger erbten immerhin die spanischen Niederlande (das heutige Belgien), Mailand, Neapel, Mantua und Sardinien.

Karl VI. hielt weiterhin auch in Wien alles Spanische in hoher Gunst: vom düsteren spanischen Mantelkleid, das er mit Vorliebe trug, bis zur heute noch existierenden Spanischen Hofreitschule in Wien. 1713 erließ er als bisher kinderloser letzter männlicher Habsburger die «Pragmatische Sanktion». Darin legte er die Unteilbarkeit der Erblande und notfalls auch die weibliche Thronfolge fest. Aber dann stellte sich doch noch Nachwuchs ein: Am 13. Mai 1717 kam Maria Theresia zur Welt und 1718 Maria Anna – und dann wirklich ein Sohn, der als Kind starb. Die beiden Töchter waren kerngesund, hübsch und intelligent, mit unhabsburgisch blauen Augen und dem blonden Haar der schönen Mutter.

Maria Theresia war zwar die kaiserliche Erbtochter, wurde aber nicht als solche erzogen. Denn immer noch wartete der Hof auf einen «Bubn». Weiterhin bemühte sich Karl, die ausländischen Mächte zur Anerkennung der Pragmatischen Sanktion zu bewegen und machte erhebliche Zugeständnisse. Bis 1730 hatten fast alle europäischen Mächte den Vertrag anerkannt, darunter auch Bayern und Preußen.

Da nun keine Gefahr mehr von den Türken drohte, begann in Wien ein wahrer Bauboom. Karl VI. hatte bereits 1713 den Bau der Karlskirche in Auftrag gegeben, zu Ehren des Pestheiligen Karl Borromäus und im Gedenken an die rund zehntausend Wiener Pesttoten. Mehr als zwanzig Jahre lang arbeiteten die beiden Architekten – Johann Bernhard Fischer von Erlach und sein Sohn Josef Emanuel – an dem großen Bau, der auch als Wahrzeichen kaiserlicher Machtentfaltung zu verstehen ist. Das ungewöhnlichste sind die beiden gewaltigen 33 Meter hohen Säulen links und rechts vor dem Eingang. Sie sind der römischen Trajanssäule nachempfunden und stellen in vielen Szenen das Leben des Karl Borromäus dar.

Karlskirche in Wien, Kupferstich nach Zeichnung von Salomon Kleiner, um 1730

Der Kaiser beschenkte auch andere Städte großzügig mit Bauten, so 1723 Linz mit der schönen Dreifaltigkeitssäule auf dem Hauptplatz, zur Abwehr von Pest und Feuersnot. An dieser zentralen Stelle stand bis dahin der Pranger. (Hundert Jahre zuvor waren hier aufständische Bauern hingerichtet, ihre Leichen gevierteilt und ihre Köpfe öffentlich aufgesteckt worden.)

Ein weiterer herrlicher Barockbau ist die Wiener Hofbibliothek (heute Nationalbibliothek), ebenfalls geplant von Fischer von Erlach senior und junior. Sie bildet einen eigenen Komplex der Hofburg, zugänglich vom Josefsplatz – mit dem großen Prunksaal mit Deckenfresken von Daniel Gran. Inmitten von Zigtausenden alter kostbarer Bücher der Habsburger steht die große Statue des Kaisers Karl VI., also des Bauherrn.

Aristokratie und Kirche ließen sich nicht lumpen und bauten eifrig Barockschlösser, -kirchen und -klöster. Prinz Eugen von Savoyen, der populäre und sehr reich gewordene Sieger über die Türken, ließ sich in der Innenstadt ein großes elegantes Palais errichten, heute Sitz des Finanzministeriums. Außerdem gab er dem Architekten Lukas von Hildebrandt den Auftrag, außerhalb der Stadt das zweiteilige «Belvedere» zu gestalten: Das kleine stadtnahe untere Palais wurde Eugens Privatwohnung. Das prunkvolle obere Palais diente ihm für Feste und Repräsentation – unter Fresken, die seine kriegerischen Triumphe feiern. Zwischen den beiden Schlössern liegt ein weiter Barockgarten mit Statuen, Blumenbeeten in Ornamentmustern, Wasserfällen, Teichen.

Hildebrandt baute zudem für den Prinzen Schlosshof – und für andere Auftraggeber die Palais Schwarzenberg, Auersperg, Kinsky, Trautson und andere in Wien, die Wiener Piaristenkirche, die Kollegienkirche in Salzburg, die Stiftskirche in Göttweig, die Deutschordenskirche in Linz, die Kirche am Sonntagsberg und vieles andere.

Der dritte berühmte Barockarchitekt war der aus Tirol stammende Jakob Prandtauer. Sein Hauptwerk ist die Barockisierung des alten Stiftes Melk in der Wachau. Und er baute auch die mit Melk verbundene Pfarrkirche von Ravelsbach im Weinviertel.

6

MUTTER UND SOHN: MARIA THERESIA UND JOSEF II.

Als Kaiser Karl VI. mit 55 Jahren 1740 unerwartet starb, hatte das Habsburgerreich keinen männlichen Thronfolger. Und die Pragmatische Sanktion war plötzlich nur noch Papier. Denn keiner der benachbarten Herrscher rechnete damit, dass eine junge Frau wie Maria Theresia eine derart komplizierte Monarchie führen könne.

Die kaiserliche Erbtochter hatte 1736 trotz widriger politischer Umstände ihren heiß geliebten Franz Stephan von Lothringen geheiratet. Dieser verlor noch im selben Jahr sein Erbland an Frankreich und tauschte dafür das Großherzogtum Toskana ein. So war Maria Theresia Großherzogin der Toskana. Das glückliche Paar hatte inzwischen drei Kinder, aber «nur» Mädchen.

Da Karl VI. immer noch die Geburt eines männlichen Thronfolgers erhofft hatte, war Maria Theresia nicht für die Nachfolge ausgebildet worden. Laut allgemeiner Meinung war die 23jährige, zum vierten Mal Schwangere untauglich, das Habsburgerreich zu regieren. Karl VI. hatte für diesen Fall vorgesorgt und seinen Schwiegersohn Franz auf die künftigen Regentschaft vorbereitet.

Aber gegen alle Erwartungen beharrte die selbstbewusste Maria Theresia auf ihrem Erbrecht auch gegenüber ihrem geliebten Ehemann. Als ihr Hauptgegner entpuppte sich der um fünf Jahre ältere König Friedrich II. von Preußen, obwohl Kaiser Karl ihn, als Friedrich noch Kronprinz war und vom Vater kurz gehalten wurde, heimlich mit jährlich 2500 Dukaten unterstützt hatte. Nun aber hatte Friedrich von seinem Vater, dem «Soldatenkönig», eine bestens gerüstete und ausgebildete Armee und volle Kriegskassen geerbt. Noch in Kaiser Karls Todesjahr marschierte er überraschend mit seinem Heer in Österreichisch- Schlesien ein, der reichsten Provinz der Habsburger.

Maria Theresia sah sich plötzlich «einer Welt von Feinden» gegenüber. Denn bald rückte der Wittelsbacher mit seinen Truppen gegen Prag – mit dem Hinweis auf die Erbansprüche seiner habsburgischen Frau. Er ließ sich dort zum König von Böhmen krönen, um seine Chancen bei der Kaiserwahl zu vergrößern. Und auf einer Wiener Mauer tauchte ein Spruch auf:

Vivat! Der Kaiser ist tot / Wir bekommen jetzt großes Brot.
Der Lothringer ist uns zu schlecht / Der Bayer ist eben recht.

Trotz leerer Kassen musste Maria Theresia nun Krieg gegen ihre Nachbarn führen – mit einem schlecht organisierten und ausgerüsteten multinationalen Heer, überalterten Generälen und Beratern. Aber sie bestand auf ihrem Erbrecht und der Unverletzlichkeit ihrer Erbländer. Denn es ging schließlich um den Bestand des Habsburgerreiches und die Zukunft ihrer Kinder.

Es sah nicht gut aus: 1741 rückten Sachsen, Bayern und Franzosen in Böhmen und Österreich ein – und gleichzeitig die mittlerweile bourbonischen Spanier in die italienischen Länder der Habsburger. Als die Geburt des kleinen Josef im März 1741 endlich die männliche Thronfolge sicherte, schien es, als sei sein Erbe bereits verloren. Aber die energische Maria Theresia, den weinenden Thronfolger im Arm, bat die reichen ungarischen Magnaten in einem gefühlsgeladenen Appell um Unterstützung im Krieg – natürlich gegen reichliche Privilegien – und hatte damit Erfolg. Noch im selben Jahr ließ sie sich zum Dank in der alten Krönungsstadt Pressburg (Bratislava) zur Königin von Ungarn krönen.

In Frankfurt wurde 1742 der Wittelsbacher Karl mit großem Pomp zum Kaiser Karl VII. gekrönt. Allerdings konnte er danach nicht mehr nach Bayern zurückkehren. Denn Maria Theresias Armee war wenige Tage zuvor in München einmarschiert. Der neue Kaiser verlor sein Land, bald auch das Königreich Böhmen, wo Maria Theresia 1743 zur Königin gekrönt wurde. Aber sie spottete über die böhmische Krone als dem «Narrenhäubl» und beklagte sich über die Treulosigkeit der Böhmen. Als der erfolglose Wittelsbacher im Januar 1745 starb, ging statt seines Wahlspruches «Aut Caesar aut Nihil» («Entweder Kaiser oder Nichts») die spöttische Version um: «Et Caesar et Nihil», also: «Sowohl Kaiser als auch Nichts».

Karls Sohn verständigte sich nun mit Maria Theresia und versprach, als Kurfürst bei der Kaiserwahl für ihren Ehemann Franz Stephan zu stimmen, da ja eine Kaiserin des Heiligen Römischen Reiches Deutscher Nation nicht möglich war. Franz Stephan legitimierte sich also für den Kaisertitel durch seine habsburgische Frau und wurde 1745 in Frankfurt zu Kaiser Franz I. gekrönt. Als Kaiser hatte er keine wirkliche Macht, da es ja bei diesem Amt vor allem um Zeremonien, Repräsentation und Aufgaben wie Ordens- und Adelsverleihungen ging. Nicht zu Unrecht spottete König Friedrich II. von Preußen, die Kaiserwürde sei nichts als ein «leerer Titel».

Mit dieser Krönung wurde immerhin die Kontinuität im Reich gewahrt mit dem Unterschied, dass aus dem Haus Habsburg das Haus Habsburg-Lothringen wurde. Von nun an trug auch Maria Theresia, Königin von Ungarn und Böhmen und Erzherzogin von Österreich, den Titel einer Kaiserin, aber nur als Gattin des Kaisers. Mit ihren vielen gesunden, intelligenten und hübschen Kindern legten Franz und Maria Theresia eine sichere Grundlage für die Zukunft der Habsburgerdynastie.

Während der Krieg gegen Preußen in kleineren Scharmützeln weiterging, machte Maria Theresia am 4. Oktober 1747 ihrem «Franzl» zum Namenstag ein ganz besonderes Geschenk: ein Rokoko-Theater im Vorhof des Sommerschlosses Schönbrunn, gebaut vom Architekten Nicolaus Pacassi. Ihr Kommentar: «Spektakel müssen sein, ohne dies kann man nicht hier in einer solchen Residenz bleiben.» Denn Schönbrunn stand weit vor der Innenstadt im Grünen. In diesem

Martin van Meytens, Maria Theresia und Franz I. mit ihrer Kinderschar, Gemälde von 1750

kleinen Theater traten später die Kaiserkinder vor höfischem Publikum als Musiker und Schauspieler in Konzerten und kleinen Opern auf. Sie alle waren musikalisch, sangen gerne und gut und spielten mindestens ein Instrument. Kronprinz Josef war ein exzellenter Cellist und Pianist, sein jüngerer Bruder Leopold Pianist und Dirigent. Die kleineren Schwestern, vor allem Maria Antonia, tanzten begeistert Ballett und sangen gerne. So manche Oper von Christoph Willibald Gluck wurde in diesem Rokoko-Theater uraufgeführt.

1748 endete der Österreichische Erbfolgekrieg im Frieden von Aachen. Der Verlust Schlesiens an Preußen wurde bestätigt, aber auch die Pragmatische Sanktion, was Maria Theresias Herrschaft in ihren Erbländern stärkte. In der Friedenszeit zog sie nun längst überfällige Reformen durch, und zwar nach dem Muster ihres Erzfeindes Friedrich von Preußen: Heeresreform, straffe Zentralisierung, Verwaltungs-, Justiz-, Schul-, Steuerreform und vieles andere.

Inzwischen hatte sich Kaiser Franz aus der Politik zurückgezogen und überließ sie gänzlich seiner tüchtigen Frau. Er war sehr leutselig, setzte einfachere Umgangsformen durch statt des komplizierten Hofzeremoniells, bevorzugte die Uniform statt des spanischen Mantelkleides und pflegte innerhalb der Familie geradezu bürgerliche Umgangsformen. Vor allem häufte er sehr geschickt ein riesiges Vermögen an, unterstützt durch Erbschaften der Medici. Seine landwirtschaftlichen Mustergüter warfen hohe Gewinne ab. Er baute Majolika- und Baumwollfabriken und beschäftigte viele tausend Arbeiter, für die er gut sorgte. Dann richtete er sich ein chemisches Labor ein, wo er sich mit Alchemie beschäftigte. Seine Sammlung prachtvoller Mineralien, vor allem Juwelen, aber auch Gobelins und Münzen bildet bis heute den Grundstock der großen Wiener Sammlungen. Auch der weite Barockgarten und der Tiergarten von Schönbrunn entstanden unter seiner Aufsicht. Und er liebte schöne Frauen, aber sehr diskret.

Mit dem überraschenden Einmarsch Friedrichs II. von Preußen in das mit Österreich verbündete Sachsen 1756 begann der Siebenjährige Krieg. Die Sachsen kapitulierten, und ihre Soldaten wurden – mit Ausnahme der Offiziere – in die preußische Armee gezwungen, wodurch sich Friedrichs Armee stark vergrößerte. Auf der Gegenseite verbündeten sich Österreich, Frankreich, Russland und Schweden gegen Preußen, das nun an vielen Fronten kämpfen musste. Es wurde ein zäher und verlustreicher Kampf.

Trotz des Krieges, der sich ja weit entfernt von Wien abspielte, setzte das Kaiserpaar seine Gewohnheit fort, sich nachmittags mit den Kindern ins Familienleben zurückzuziehen. Da wurde gewürfelt, Karten gespielt, gesungen und musiziert. Und wenn berühmte Musiker in Wien waren, wurden sie zum Vorspiel eingeladen.

1762 erregten zwei musikalische Wunderkinder Aufsehen: Vater Mozart aus Salzburg präsentierte der Wiener Aristokratie den 6jährigen Wolfgang und die 11jährige Nannerl. Am 13. Oktober hatten die kleinen Virtuosen im Spiegelsaal des Schlosses Schönbrunn ihren großen Auftritt vor der kaiserlichen Familie. Nach dem Konzert spielten die Mozartkinder mit den Kaiserkindern. Vater Leopold berichtete nach Salzburg: «Der Wolferl ist der Kaiserin auf den Schoß gesprungen, hat sie um den Hals bekommen und rechtschaffen abgeküsst. Kurz, wir sind von drei bis sechs Uhr bei ihr gewesen.»

Zwei Tage später erschien der kaiserliche Geheime Zahlmeister im bescheidenen Obdach der Mozarts und brachte ein Paket mit zwei kostbaren (gebrauchten) Galakleidern für Wolfgang und Nannerl. Nun konnten die beiden bei ihren Konzerten wie Kaiserkinder auftreten. Einige Tage später überbrachte ein anderer Hofbeamter einen Lederbeutel mit hundert Golddukaten als Honorar, also 450 Gulden, weit mehr, als Leopold Mozart in Salzburg im ganzen Jahr verdiente. Nach diesem Erfolg wurden die Wunderkinder von livrierten Dienern in prächtigen Kutschen zu ihren Konzerten in Adelshäuser gefahren und wieder zurück. Nie mehr in ihrem Leben waren sie so umschwärmt wie in diesen Tagen.

Im Friedensvertrag, der am 15. Februar 1763 den Krieg beendete, akzeptierte Wien endgültig den Verlust Schlesiens. Der Bestand des Habsburgerreiches war jedoch gesichert. Maria Theresia übergab nun ihrem Franz die Oberleitung der Staatsschuldentilgung, um die durch den langen Krieg zerrütteten Staatsfinanzen zu sanieren, was diesem auch gelang. Sie selbst wandte sich wieder ihrer Reformarbeit zu und schaffte überflüssigen Luxus und «Lotterwirtschaft» am Hof ab: die Prunkkutschen und -schlitten, zu teure Pferde, allzu üppige

Weinkeller. Sie kontrollierte gründlich die höfischen Ausgaben, erhöhte die Steuern auf Luxusartikel – und vereinfachte das pompöse und umständliche spanische Hofzeremoniell.

Vor allem eröffnete Maria Theresia eine lange Friedensära, die ihre erschöpften Länder durch Förderung von Handel, Gewerbe und Landwirtschaft gesunden ließ. Und sie versuchte, mit politisch nützlichen Heiraten ihrer Kinder den Frieden zu sichern.

1765 wurde in Innsbruck die Hochzeit des zweiten Kaisersohnes Leopold mit der spanischen Prinzessin Maria Ludovika gefeiert. Am südlichen Ausgang der Stadt wurde die heute noch existierende prachtvolle Triumphpforte gebaut und mit Glückwünschen für das Brautpaar verziert. Dann aber geschah das größte Unglück, das Maria Theresia widerfahren konnte: Am Tag nach Leopolds Hochzeit starb plötzlich der 56jährige Kaiser Franz I. in Innsbruck an einem Schlaganfall. Auf der Rückseite der Triumphpforte wird heute noch an ihn erinnert. Die abrupt früh zur Witwe gewordene Kaiserin war untröstlich. Sie ließ sich ihre langen Haare abschneiden, verschenkte ihren Schmuck, betete viel und trug von nun an nur noch schwarze Kleider und die Witwenhaube. Den Bildhauer Balthasar Moll beauftragte sie, einen prächtigen Doppelsarg aus Zinn für Franz und sich zu machen. An den Seiten des Sarges sind die großen Augenblicke ihres gemeinsamen Lebens dargestellt – von der Hochzeit bis zur Kaiserkrönung in Frankfurt.

Josef II. wurde Nachfolger seines Vaters als Kaiser des Heiligen Römischen Reiches, war aber weiterhin neben seiner Mutter nur Mitregent der habsburgischen Erblande. Die Zusammenarbeit der streng gewordenen Maria Theresia mit dem fortschrittlichen und ehrgeizigen Sohn war alles andere als spannungsfrei. Als Universalerbe des sehr hohen Privatvermögens seines Vaters schenkte er dem verarmten Staat 12 Millionen Gulden zur Tilgung der Staatsschulden und sanierte so das Budget. Mit den restlichen sechs Millionen gründeten Mutter und Sohn den «Familienversorgungsfonds» als gemeinschaftliches Vermögen der Familie Habsburg.

Josefs Großzügigkeit hatte wohl auch damit zu tun, dass er zwei Jahre zuvor seine abgöttisch geliebte Frau verloren hatte und nun einsam lebte. Als 19jähriger Thronfolger hatte er 1760 die 18jährige Isabella von Parma geheiratet. Sie war schön, hoch musikalisch und außerordentlich intelligent, vor allem, was Mathematik und Technik betraf. Aber sie war auch hoch empfindsam und sehr scheu. 1762 gebar sie das erste Kind, das den Namen der Großmutter Maria Theresia erhielt. Es folgten zwei Fehlgeburten, die sich auf die zarte Psyche der jungen Frau empfindlich auswirkten und zu einer Art Todessehnsucht führten. Im November 1763 erkrankte die wieder schwangere Isabella an den Pocken und gebar zu früh eine Tochter, die nur einige Stunden lebte. Eine Woche später war auch die 22jährige Mutter tot. Sie hinterließ ihren lebenslang untröstlichen und einsamen Gatten Josef, für den nun die kleine Tochter Maria Theresia ein und alles war. Als das Kind 7jährig an einer Lungenentzündung starb, blieb er als einsamer, verbitterter Mann zurück.

Kaiserin Maria Theresia trauerte immer noch um ihren geliebten Mann und nun auch um zwei ihrer Kinder, die der Pockentod dahingerafft hatte. Das fröhliche Familienleben hatte ein Ende.

Als die Mozarts nach dreijähriger Konzerttournee, die sie bis nach England führte, wieder nach Wien kamen, warteten sie vergeblich auf eine Einladung in die Hofburg. Erst nachdem er ein Jahr gewartet hatte, erhielt der 13jährige Wolfgang den kaiserlichen Auftrag, zur Weihe der neuen Waisenhauskirche eine Messe für großes Orchester zu komponieren und auch zu dirigieren – im Beisein der Kaiserin, des Kaisers Josef II. und vieler Höflinge. Der junge Komponist und Dirigent wurde hoch gelobt und reich beschenkt. Und Kaiser Josef riet ihm, nach Italien zu reisen, um sich dort fortzubilden und versprach, sich bei seinen italienischen Geschwistern, Leopold in der Toskana und Maria Carolina in Neapel, für ihn einzusetzen.

Kaiser Josef II. setzte in großer Eile weitere Reformen durch. Schon in seiner frühen Denkschrift «Träumereien» hatte er gefordert, Hofhaltung wie Hofzeremoniell zu vereinfachen und mit dem so gesparten Geld das Heer zu stärken. Nun tat er dies alles und schaffte vor allem den bisher üblichen Kniefall vor dem Kaiser ab. 1766 öffnete er seinen geliebten prachtvollen Augarten für jedermann. Noch heute steht über dem Eingangstor seine Widmung: «Allen Menschen gewidmeter Erlustigungs-Ort von Ihrem Schätzer». Im Augarten besaß er ein Sommerhaus, das «Josefs-Stöckl», wo er gerne Gäste empfing – von Papst Pius VI. bis zu einfachen Bürgern. Er musizierte dort täglich eine Stunde am Klavier, am Cello oder als Sänger.

Im Gartensaal der Alten Favorita, wo sich heute die Porzellanmanufaktur Augarten befindet, dirigierte Mozart seit 1782 häufig die berühmten Morgenkonzerte und trat dort auch als Pianist auf – Beginn um 7 oder 8 Uhr früh. Der Kaiser war anwesend.

Josef war unermüdlich auf Reisen. 1769 traf er in Preußisch-Schlesien König Friedrich II., den er – im Gegensatz zu Maria Theresia – politisch und auch als Reformer sehr schätzte. Dann fuhr er nach Italien zu seinen dort herrschenden Brüdern. Mit dem außenpolitischen Berater der Kaiserin, Graf Wenzel Anton von Kaunitz, setzte er 1772 bei der ersten Teilung Polens die Annexion Galiziens an das Habsburgerreich durch, obwohl seine Mutter dies nicht wollte: «sie weinte, aber sie nahm». 1775 erkämpfte er im russisch-türkischen Vertrag die Bukowina. Und 1776 ließ er in der Wiener Innenstadt das «Deutsche Nationaltheater» bauen.

1777 reiste er zu seiner Schwester Königin Marie Antoinette nach Paris. Dort riet er seinem wegen einer Phimose impotenten Schwager, König Ludwig XVI., eindringlich, sich operieren zu lassen, um Kinder zeugen zu können. Ludwig traute sich nun nach langem Zögern an die Operation und brachte es noch auf drei Kinder.

Maria Theresia war weiterhin aktiv, vor allem, was das Schulwesen betraf. Bisher bildeten im Habsburgerreich vor allem geistliche Schulen Buben zu Priestern aus. Mädchen, die etwas lernen wollten, waren auf Hauslehrer angewiesen. Da sie dazu aber reiche Eltern brauchten, konnten die meisten Mädchen weder lesen noch schreiben.

Maria Theresia schrieb nun an ihren Erzfeind König Friedrich von Preußen einen höflichen Brief mit der Bitte, ihr den Abt Johann Ignaz Felbiger für kurze Zeit nach Wien zu schicken. Dieser Augustiner Chorherr aus dem ehemals habsburgischen Schlesien hatte bereits in Preußen die Schulreform eingeführt und sollte nun auch die Kaiserin in dieser Hinsicht beraten. Das gelang: Felbiger verfasste für das Habsburgerreich eine «Allgemeine Schulordnung»: «Kinder beiderlei Geschlechts, deren Eltern keine eigenen Hauslehrer unterhalten wollen und können, gehören ohne Ausnahme in die Schule.» – und zwar vom sechsten bis zum zwölften Lebensjahr. Nun ließ die Kaiserin viele Schulen bauen und Schulbücher in allen Sprachen der Monarchie drucken: Deutsch, Italienisch, Tschechisch, Polnisch, Ruthenisch, Slowenisch, Kroatisch, Ungarisch und Rumänisch. Auch die Lehrerausbildung wurde verbessert.

Dann verordnete sie eine Volkszählung und sandte dafür Geographen bis in die letzten Winkel ihres Reiches. In die nach den Türkenkriegen verödeten Gebiete im Osten schickte sie Siedler aus Schwaben, der Pfalz und dem Elsass, schenkte jeder Familie einen Baugrund, Bauholz, Schilfrohr für das Dach, Wiesen, Ackerland, Saatgut und jedem zwei Zugpferde, eine Kuh mit einem Kälbchen, ein Zuchtschwein und drei Schafe, außerdem Wagen, Pflug, Werkzeug und Geschirr. Jedes neue Dorf erhielt eine kleine Kirche, ein Wirtshaus, ein kleines Spital und eine Brauerei. In drei Jahren wurden an der Ostgrenze Ungarns 1149 kleine Häuser gebaut. Das von den Türken schwer verwüstete Land blühte wieder auf.

Maria Theresia hob auch die Leibeigenschaft der Bauern auf, verbot Hexenprozesse, schaffte die Folter ab. Sie erlaubte sich kein Vergnügen mehr und arbeitete ständig bis in die Nacht hinein. Berüchtigt wurde ihre «Keuschheitskommission» gegen die zahlreichen Wiener Dirnen. Diese kamen nun in Haft, wo ihnen die Haare abgeschnitten wurden. So manche wurde auch ausgepeitscht.

Wenn Maria Theresia nicht arbeitete, betete sie, kümmerte sich aber als strenge Katholikin weder um Protestanten noch Juden. In der Öffentlichkeit zeigte sich die schwerfällig gewordene Kaiserin kaum noch. Als sie 1780 63jährig starb, hatte sie 40 Jahre regiert. Im Doppelsarg wurde sie bei ihrem geliebten Franzl in der Kapuzinergruft beigesetzt. Sie hinterließ zehn gesunde Kinder: vier Söhne und sechs Töchter. Und sie war und blieb die einzige Frau auf dem Habsburgerthron.

Der Unterschied zwischen dem Verfall und dem Aussterben der Spanischen Habsburger und dem kraftvollen Leben und der Intelligenz der Wiener Linie ist im Gegensatz zu damals heute erklärbar: Die spanischen Habsburger hatten in den letzten hundert Jahren ständige Inzucht mit Wiener Verwandten betrieben und waren dadurch unfruchtbar geworden. Wie am Wiener Zweig erwiesen, hätte sich das Problem rechtzeitig in zwei Generationen lösen lassen: der genetisch bereits geschwächte Karl VI. fand in Elisabeth Christine von Braunschweig-Wolfenbüttel eine Frau, deren Vorfahren wegen der unterschiedlichen Konfession nie Habsburger geheiratet hatten. Diese Ehe kräftigte somit den Stamm der östlichen Habsburger erheblich, wofür Maria Theresia ein gutes Beispiel ist. Sie wiederum heiratete ihre große Liebe Franz Stephan von Lothringen, dessen Familie nur entfernt mit den Habsburgern verwandt war. Ihre 16 Kinder waren gesund, wenn auch einige im Kindesalter an Infektionen starben. Das östliche Haus Habsburg blühte fortan in vielen Ästen, bis weitere Verwandtenehen den Stamm wieder verdarben.

Josef II. war nun endlich Alleinherrscher der habsburgischen Länder und begann als leidenschaftlicher Aufklärer mit einer gründlichen Kirchenreform. 1781 erließ er das Toleranzpatent für die unter Maria Theresia diskriminierten Protestanten, Orthodoxen und Juden. Jene rund siebenhundert meist kleinen Klöster, die sich weder dem Unterricht noch der Krankenpflege widmeten, hob er auf und verwendete das so eingenommene Vermögen für die Errichtung neuer Diözesen und Pfarreien. Damit die Gläubigen zu Fuß in die Kirche gehen konnten, wurden in den Dörfern der weiten Monarchie nun Tausende Kirchen gebaut. Die religiösen Zeremonien wurden vereinfacht, um besser verständlich zu sein. Wer Theologe werden wollte, musste nun die Universität besuchen.

Um Seuchen vorzubeugen und das Grundwasser zu schonen, verbannte Josef die Friedhöfe aus den Städten. Er gründete in Wien das Allgemeine Krankenhaus, das damals größte Spital Europas, und 1785 das «Josephinum» für die Ausbildung der Ärzte. Er ließ viele Schulen bauen, aber auch Waisen- und Armenhäuser. Der Adel musste nun Grundsteuer zahlen. Josef lockerte das strenge Hofzeremoniell ebenso wie die Zensur. Vor allem erlaubte er nun jede Kritik «am Landesfürsten bis zum untersten», also sich selbst inklusive.

Dass der Kaiser, um die Begräbnisse billiger zu machen, den «Josefinischen Gemeindesarg» einführte – einen Klappsarg, der wiederverwendbar war – akzeptierten seine Untertanen jedoch nicht, und bald gab es wieder normale Särge. Auch sein Versuch, Deutsch als Staatssprache im Vielvölkerreich einzuführen, gelang nicht. Von seinen späteren deutschnationalen Anhängern wurde er trotz des Misserfolgs «Josef der Deutsche» genannt und noch lange nach seinem Tod sehr verehrt.

Nach zehnjähriger erfolgreicher Alleinregierung in den habsburgischen Ländern starb 1790 der 50jährige vereinsamte, unermüdlich tätige Kaiser, der von vielen seiner Untertanen geliebt, aber auch von vielen gehasst wurde. Sein jüngerer Bruder Leopold, der seit 1765 vorzüglich die Toskana regierte, musste nun, wenn auch widerstrebend, in Wien die Nachfolge antreten und wurde in Frankfurt zum Kaiser Leopold II. gekrönt.

Über die «abgeschmackte Puppenkomödie» dieser Krönung spottete der Augenzeuge Karl Heinrich von Lang: «Die herabwürdigenden Zeremonien, nach welchen der Kaiser alle Augenblicke vom Stuhle herab und hinauf, hinauf und herab, sich ankleiden und auskleiden, anschmieren und wieder abwischen lassen, sich vor den Bischofsmützen mit Händen und Füßen ausgestreckt auf die Erde werfen und liegen bleiben musste, waren in der Hauptsache ganz

Kaiser Josef II. als Wohltäter

dieselben, womit der gemeinste Mönch in jedem Bettelkloster eingekleidet wird.» Und über den Gang von der Kirche zum Rathaus: «Er ging in seinen alten Kaiserpantoffeln über gelegte Bretter, die man mit rothem Tuche bedeckte, welches aber die gemeinen Leute auf dem Boden kniend und mit Messern in den Händen hart hinter seinen Fersen herunterschnitten, und zum Theil so gewaltsam in Fetzen herunterrissen, daß sie den vorn laufenden Kaiser beinahe damit niederwarfen.» Das Heilige Römische Reich Deutscher Nation neigte sich sichtlich seinem Ende zu.

Als aufgeklärter und intelligenter Herrscher kritisierte Leopold II. den hohen Aufwand der Krönung und setzte bei seiner Rückkehr in Wien ein deutliches Zeichen: Er verbot sämtliche Feste mit der Bemerkung, es mache ihm mehr Freude, wenn er zu seinem Wiener Empfang «die Viktualienpreise heruntersetzen könnte», also die Lebensmittelpreise. Sein Bruder Josef II. hatte ihm viele Krisenherde hinterlassen: von den Türken bis zu Konflikten mit Preußen und Polen, dem drohenden Aufstand der Ungarn bis zur Unzufriedenheit des österreichischen Adels. Zwar gelang es ihm in kurzer Zeit, diese Probleme friedlich zu lösen, aber er unterschätzte das Ausmaß der 1789 ausgebrochenen Französischen Revolution. Als er nach knapp zweijähriger Regierung 45jährig starb, folgte ihm sein Sohn, der 24jährige Franz II. Auch er wurde in Pressburg zum König von Ungarn, in Frankfurt zum Römischen Kaiser und in Prag zum König von Böhmen gekrönt. Drei Monate später marschierten französische Revolutionstruppen in Frankfurt ein.

Der junge Kaiser war entschlossen, seine im Pariser Temple gefangene Tante, die Königin Marie Antoinette, den König und die beiden Kinder zu befreien, aber das gelang nicht. Am 21. Januar 1793 wurde König Ludwig XVI. unter Anklage des Hochverrates hingerichtet. Der kleine Kronprinz starb im Gefängnis. Die in der langen Haft fromm gewordene Königin Marie Antoinette wurde am 16. Oktober 1793 auf dem Pariser Revolutionsplatz vor gröhlendem Publikum enthauptet. Nur ihre kleine Tochter Marie Therèse überlebte.

7

VON NAPOLEON BIS 1848

Europa veränderte sich nach 1800 rasch und grundlegend. Während die alten Monarchien schwächelten, feierte Napoleon Bonaparte als Feldherr seine ersten großen Erfolge, auch gegen habsburgische Truppen. Daraufhin wurden die Reichskleinodien, die seit 1423 in Nürnberg aufbewahrt und nur zur Krönungszeremonie herausgegeben wurden, nach Wien in Sicherheit gebracht.

Da Kaiser Franz II. kaum noch etwas im «Reich» zu sagen hatte, entschied er sich 1804, die habsburgischen Erbländer zum «Kaisertum Österreich» zu erheben und hieß nun Kaiser Franz I. (II.). Das war im selben Jahr, als sich Napoleon in Paris in Gegenwart des Papstes selbst zum Kaiser krönte. Das alte Heilige Römische Reich Deutscher Nation befand sich im Zerfall.

Napoleons Gegner – Kaiser Franz, der Zar, die Könige von England und von Neapel und andere – verbündeten sich nun gegen ihn. Aber an Napoleons Seite standen jetzt auch deutsche Länder, die eigentlich unter der Oberhoheit des Kaisers Franz standen: Bayern, Württemberg, Sachsen und Baden.

Als die habsburgische Armee kapitulierte, marschierte Napoleon mit seinen Truppen nach Wien und nahm die Stadt am 13. November 1805 kampflos ein. Drei Wochen später besiegte er die Österreicher bei Austerlitz.

Im Friedensvertrag verloren die Habsburger Tirol und Vorarlberg an das mit Napoleon verbündete Bayern. In Italien fielen die restlichen habsburgischen Provinzen an Napoleon. Dieser erhob nun seine Verbündeten, die Kurfürsten von Bayern, Württemberg und Sachsen, zu souveränen Königen. Im Juli 1806 wurde der Rheinbund gegründet, bestehend aus 16 deutschen Ländern, die nun aus dem Reich ausschieden und sich verpflichteten, Frankreich militärisch zu unterstützen.

Nun musste Kaiser Franz resignieren. Er legte die jahrhundertealte römische Kaiserkrone nieder und übergab sie 1806 in die Obhut der Schatzkammer der Wiener Hofburg. Das Heilige Römische Reich Deutscher Nation war Geschichte. Franz I. war nur noch Kaiser von Österreich mit neuen Insignien und Wappen und einer «österreichischen» Krone. Er bemühte sich nun intensiv um die Entwicklung eines österreichischen Patriotismus mit Einschluss Böhmens, Galiziens, Ungarns und aller anderen habsburgischen Länder. Das gelang ihm aber nur teilweise, da sich vor allem die Ungarn widersetzten. Und auch bei anderen habsburgischen nichtdeutschen Völkern stieg der Drang zur nationalen Einheit und damit der Loslösung aus dem multinationalen Kaiserreich.

Inzwischen siegte Napoleon 1807 über Preußen, das im Frieden von Tilsit rund die Hälfte seines Landes verlor und hohe Kontributionen, also Zwangsgelder, zahlen musste. Napoleon war auf dem Höhepunkt seiner Macht.

Im Mai 1809 ließ Österreichs erster Sieg über die Franzosen bei Aspern endlich wieder Hoffnung schöpfen. Der siegreiche Feldherr Erzherzog Karl erhielt später zum Dank das große Reiterdenkmal auf dem Wiener Heldenplatz. Und in Aspern (22. Wiener Bezirk) gibt es noch heute den «Franzosenfriedhof».

In Tirol kämpfte 1809 Andreas Hofer, der Gastwirt und Oberkommandant der Tiroler Schützen, mit seinen Landsleuten gegen die französisch-bayerische Besetzung – und wurde 1810 auf Napoleons Weisung in Mantua hingerichtet. Der große Held Tirols wurde später in der Innsbrucker Hofkirche beigesetzt.

Während die napoleonische Armee zum zweiten Mal Wien besetzte, starb Joseph Haydn am 28. Mai 1809 mitten im Kriegsgetümmel in Wien. Der Sterbenskranke war so verzweifelt über den Krieg, dass er immer wieder mit letzter Kraft das «Gott erhalte» intonierte: für den Kaiser und gegen Napoleon. Dieser jedoch, ein großer Verehrer von Haydns Kunst, ließ bei dessen Begräbnis eine französische Ehrenwache aufstellen. Und am 15. Juni veranlasste Napoleon einen festlichen Trauergottesdienst für Haydn in der Wiener Schottenkirche mit der Aufführung des «Requiems» von Haydns liebstem Freund Mozart.

Am 5. und 6. Juli rächte sich Napoleon mit einem vergrößerten Heer bei Wagram für die Niederlage von Aspern. Rund 135 000 Soldaten ließen ihr Leben. Im Frieden von Schönbrunn, wo Napoleon residierte, musste Österreich nun sein Heer auf 150 000 Mann reduzieren, ein Militärbündnis mit Frankreich abschließen und auf Dalmatien und Krain verzichten.

Der neue Außenminister Clemens Metternich versuchte nun vorsichtig eine Annäherung an Frankreich und schlug Kaiser Franz vor, zum Zeichen der Versöhnung dessen Tochter Marie Louise mit Napoleon zu verheiraten. Denn dieser hatte sich gerade von seiner ersten Ehefrau Joséphine de Beauharnais getrennt. Zögernd willigte der Kaiser ein. 1810 heiratete die 18jährige Erzherzogin Marie Louise in der Wiener Augustinerkirche Napoleon, den sie noch nie gesehen hatte und der sich bei der Hochzeit von Erzherzog Karl vertreten ließ. Zwei Tage später traf die Braut ihren Ehemann in Frankreich zum ersten Mal. Es folgten die Ziviltrauung und dann die kirchliche Trauung in der Kapelle des Louvre.

Dies geschah 17 Jahre, nachdem die Habsburgerin und ehemalige Königin Marie Antoinette von Frankreich auf dem Pariser «Revolutionsplatz» enthauptet worden war. 1811 gebar Marie Louise ihren Sohn Napoleon Franz Joseph Karl, der vom stolzen Vater den Titel eines «Königs von Rom» erhielt.

Im Juni 1812 griff Napoleons Grande Armée Russland an. Aber die russischen Truppen stellten sich keiner Schlacht, sondern zogen sich immer weiter nach Osten zurück und hinterließen den

Franzosen nichts als verbrannte Erde, sogar in Moskau. Napoleons Soldaten hungerten und starben auf dem Rückzug in Schnee und Eis. Diese Niederlage war der Anfang vom Ende Napoleons.

Unter dem Oberkommando Karl Philipps zu Schwarzenberg gelang es den alliierten Mächten Österreich, Preußen, Russland und Schweden im Oktober 1813, Napoleons Truppen in der Völkerschlacht bei Leipzig zu besiegen. Ende März 1814 nahmen die alliierten Truppen Paris ein, und Napoleon wurde nach Elba verbannt. Seine Ehefrau Marie Louise und sein kleiner Sohn trafen im Mai 1814 in Wien ein. Die Bourbonen wurden in Paris wieder als Regenten eingesetzt.

Im Namen der Siegermächte berief Metternich nun den Wiener Kongress ein, der am 18. September 1814 begann. Während der Kongress tagte, kehrte Napoleon plötzlich aus der Verbannung zurück, wurde aber nach einer «Herrschaft der hundert Tage» bei Waterloo endgültig von den Alliierten besiegt und auf die britische Insel Sankt Helena verbannt. Die von ihm ausgelösten Kriege hatten insgesamt 6,5 Millionen Opfer, Soldaten wie Zivilisten, gefordert und ganze Landstriche verwüstet.

Hier – nach der Französischen Revolution und Napoleon – ist die Bruchlinie zwischen dem alten multinationalen System, das immer noch Österreich verkörperte, und den modernen Nationalstaaten Westeuropas. Der nun stetig wachsende Nationalismus förderte die Aggressivität und die Kriegsbereitschaft und nicht zuletzt auch den Deutschnationalismus.

Inzwischen regierte der zum Fürsten erhobene Staatskanzler Clemens Metternich im Namen des Kaisers als unumschränkter «Kutscher Europas». Beim Wiener Kongress hielt er die fremden Monarchen, Fürsten und Politiker bei Laune, indem er sie unter der Geige von Johann Strauß Vater «tanzen» ließ. Das lenkte von der Politik ab, was ganz in Metternichs Interesse war.

Immerhin wurde bei diesem Kongress der «Deutsche Bund» gegründet als ein föderatives Band, das die zahlreichen deutschen

Groß- und Kleinstaaten nun wieder miteinander verband. Die nichtdeutschen Länder der Habsburger waren von diesem Bund ausgeschlossen.

Der schließlich erwirkte Friede stand unter dem Zeichen der verbündeten Monarchien Österreich, Preußen und Russland, deren gemeinsames Ziel es war, die Revolution vergessen zu machen. Mit einer rigorosen konservativen Politik wurde nun die Geschichte Europas zurückgeführt in die Zeit vor 1789, zurück zum Gottesgnadentum, zur Alleinherrschaft der Monarchen und in das alte starre System, wo Hof, Adel, Kirche und Militär die ohnmächtigen Untertanen in Gehorsam hielten. Auch viele Reformen Josefs II. wurden zurückgenommen. Das Habsburgerreich entwickelte sich unter Metternich zu einem Polizeistaat mit Pressezensur und Spitzeln aller Art. Burschenschaften wurden verboten, jede Opposition bekämpft und nationale Aktionen niedergeschlagen, ob es sich um Tschechen, Ungarn, Slowaken oder andere Völker des Habsburgerreiches handelte.

Nun waren die Völker Europas, die während der Französischen Revolution so selbstbewusst ihre Rechte eingefordert hatten, wieder von der Politik ausgeschlossen: durch rigorose Gesetze und eine scharfe Polizei, die sich allgegenwärtiger Spitzel («Naderer») bediente. Unter Metternich herrschten bis 1848 Willkür, Zwang, Zensur, Unfreiheit, soziale und wirtschaftliche Not. Kein Wunder, dass es im Volk gärte.

Die machtlos und ängstlich gewordenen Bürger zogen sich nun in ihr Privatleben zurück. Die Reicheren möblierten ihre Wohnungen im modernen gemütlichen Biedermeierstil, machten mit Freunden Hausmusik und pflegten die Geselligkeit im kleinen Kreis. Sehr beliebt waren sommerliche Tanzabende im Freien, wo manchmal auch Johann Strauß sen. auf seiner Geige aufspielte.

In dieser Zeit lebte und arbeitete in Wien der junge Franz Schubert, geboren 1797. Er war das dreizehnte von sechzehn Kindern eines Lehrers und einer Köchin, und sein Geburtshaus ist heute noch in der Nußdorferstraße 54 im Original zu besichtigen. Der

Vater erkannte die Begabung seines Sohnes und gab ihm sehr früh Geigenunterricht. Mit sieben Jahren begann der kleine Franz beim Kapellmeister der nahen Lichtenthaler Pfarrkirche mit dem Orgelspiel. Die Familie Schubert spielte an Sonntagen traditionell Streichquartett, wobei der Vater Violoncello spielte, Franz die Viola und seine Brüder Violine. Dabei lernte der Knabe viele Werke von Haydn und Mozart schätzen. Mit elf wurde er wegen seiner schönen Stimme in das kaiserliche Konvikt und in die Hofkapelle aufgenommen, wo er auch Kompositionsunterricht erhielt. Mit dreizehn komponierte er bereits eine Klavierphantasie zu vier Händen.

Aber der erwachsene Schubert hatte kaum ein Einkommen, da die Verleger sich für seine Kompositionen nicht interessierten. Und er war – im Gegensatz zu Mozart – sehr schüchtern und fühlte sich nur in seinem Familien- und Freundeskreis heimisch. Erst mit 24 Jahren verdiente er 800 Gulden (heute rund 13 000 Euro) für den Druck seines Opus 1–7. Nun komponierte er umso mehr: Bühnenmusik, Streichquartette, Sinfonien, Klaviersonaten, den Liederzyklus «Die schöne Müllerin», 1826 die «Deutsche Messe», 1827 die ernste «Winterreise», zu einer Zeit, als er bereits krank war. Seine Biographen schreiben von Syphilis, die in dieser Zeit sehr häufig und unheilbar war. 1828 komponierte er die Messe Nr. 6 in Es-Dur, die letzten drei Klaviersonaten und Lieder.

In diesen Kompositionen ist Schuberts Melancholie unüberhörbar. Er wusste, dass er dem Ende entgegenging. In seinem ganzen Leben hatte er bisher kein öffentliches Konzert gegeben – und tat dies nun in seinem Todesjahr 1828, was ihm noch gutes Geld einbrachte. Er hinterließ rund sechshundert Lieder, von denen nur hundert gedruckt waren. Auf dem Währinger Friedhof wurde er in der Nähe von Beethovens Grab beigesetzt. Sein «Schwanengesang» mit Heine-Texten wurde erst posthum veröffentlicht.

1835 starb Kaiser Franz I. Auf Metternichs Rat hatte er seinem Sohn Ferdinand die Thronfolge gesichert, obwohl dieser an Epilepsie litt, geistesschwach war und gesunde Kandidaten für die Thronfolge bereitstanden. Nach seinem Regierungsantritt wurde Ferdinand der Gütige (spöttisch «Gütinand der Fertige» genannt) von einer Geheimen Staatskonferenz vertreten, dem «Greisenregiment». Metternich lenkte den Staat und glaubte noch immer, die demokratischen und nationalen Tendenzen einschränken zu können.

Das Volk aber forderte Pressefreiheit, Mitsprache des Bürgers im Staat, eine Verfassung und vieles andere. Gegen Metternich ging ein geheimes Papier um, das immer wieder abgeschrieben wurde: «Vater Metternich, der du bist in Wien; entheiligt werde dein Name; zu uns komme eine andere Regierung; der Wille der Unterthanen geschehe wie in Ungarn, also auch in Steyermark und Österreich. Gib uns ein größeres Brot, und vergib uns unser Schimpfen und Schelten, als auch wir vergeben die neuen Anlehen; führe uns nicht in Versuchung mit deinen Credit-Papieren, sondern erlöse uns durch wirkliches Gold und Silber von allem Übel. Amen.»

Im Januar 1848 wurde Norditalien, vor allem Mailand und Padua, durch nationale Aufstände gegen die Habsburger erschüttert. Und in den meisten deutschsprachigen Ländern lebte kurz wieder der Traum eines gemeinsamen «Deutschen Reiches» auf, bestehend aus allen deutschen Staaten, einschließlich der deutschsprachigen Teile Österreichs. Die Situation war angespannt.

Mit dem Sturm auf das Ständehaus brach am 13. März 1848 in Wien die Revolution aus. Die Bürger forderten Presse- und Redefreiheit, Bauernbefreiung, bessere Stellung der Arbeiter, eine konstitutionelle Verfassung zur Einschränkung der bisher absoluten Fürstenmacht und nicht zuletzt nationale Einheit. Vor allem ging es um die politische Gleichstellung aller Bürger ohne Unterschied der Religion und des Besitzes, also um den Satz: «Der Mensch ist frei geboren mit gleichen Rechten». All diese Forderungen gipfelten im lauten Ruf: «Fort mit Metternich!»

Auch Intellektuelle und Bürgerliche schlossen sich den von oppositionellen Journalisten formulierten Protesten an. Vor allem junge

Leute rebellierten gegen das absolutistische Regime, so auch der 17jährige Wiener Technikstudent Eduard Sueß, der im «Sicherheitsausschuss» der Revolution saß. Sueß in der Rückschau: «Ein unbeschreibliches Gefühl von Brüderlichkeit, von Freiheit und von Vaterlandsliebe, von Begeisterung und Todesmut durchglühte uns, freilich auch von jener grenzenlosen Überschätzung des sittlichen und intellektuellen Zustandes der Menschheit, welche das goldene Recht der Jugend, die ethische Pracht einer solchen Bewegung und zugleich ihre Gefahr ist.» Noch im März konnten die Rebellen den Rücktritt und die Flucht des bisher allmächtigen Fürsten Metternich nach England bejubeln.

Am 17. März 1848 wurden in Wien die ersten 13 Toten der Revolution zu Grabe getragen, darunter zwei Juden: der 18jährige Technikstudent Karl Heinrich Spitzer und der Webergeselle Bernhard Herschmann. Ihr Begräbnis wurde zur Massenkundgebung für die Ideale der Revolution und gegen die Regierung. Der Geistliche Professor Anton Füster, der Oberrabbiner Mannheimer und der Kirchensänger Sulzer gingen gemeinsam zu den Gräbern. Füsters Kommentar: «Altes und neues Testament reiheten sich unter die Fahne der Freiheit.»

Isak Noa Mannheimer hielt für die gefallenen jungen Revolutionäre die Grabrede und mahnte: «Ihr habt gewollt, daß die toten Juden da mit Euch ruhen in Eurer, in einer Erde. Sie haben gekämpft für euch, geblutet für euch! Sie ruhen in eurer Erde! Vergönnt nun aber auch jenen, die den gleichen Kampf gekämpft haben und den schwereren, daß sie mit Euch leben auf einer Erde, frei und unbekümmert wie Ihr … Nehmet auch uns auf als freie Männer, und Gottes Segen über Euch!» Es ging um die Gleichstellung der seit Jahrhunderten minderberechtigten Juden. Der kluge Rabbiner sah den einzig richtigen Weg darin, Seite an Seite mit den Christen für Menschen- und Bürgerrechte zu kämpfen. Die Gleichberechtigung aller Bürger war für ihn ein Recht, das jedem aufgeklärten, vernünftigen Menschen zu geben war, ob er nun Christ war oder Jude.

Nach einigen Wochen Vorbereitung traten am 18. Mai 1848 in der Frankfurter Paulskirche rund fünfhundert gewählte Abgeordnete aller deutschen Länder zusammen. Frankfurt war zum Ort der Nationalversammlung gewählt worden, weil es eine Freie Stadt war, also nicht von Fürsten regiert wurde, und weil es die Krönungsstadt der römisch deutschen Könige gewesen war, also ein Symbol für die zu einende deutsche Nation. Der Rundbau der Paulskirche war für ein solches Parlament gut geeignet. Die erste Aufgabe des Parlamentes war, eine gemeinsame Verfassung für die deutschen Staaten zu erarbeiten. Dabei ging es um die Festlegung der Grundrechte, aber auch um die Emanzipation der Juden.

In Wien war in diesem Mai von der euphorischen Aufbruchstimmung der Märztage nichts mehr zu spüren. Metternich war zwar fort, aber das von ihm aufgebaute Herrschaftssystem war noch intakt. Bürgerliche und Bauern, die ihre Forderungen durchgesetzt hatten, wendeten sich bereits von der Revolution ab. Die Reaktion war auf dem Vormarsch. In Polen wie in Italien feierten die kaiserlichen Generäle bereits Siege gegen die Revolution – und rückten weiter vor. In Wien wehrten sich die Revolutionäre und bauten erste Barrikaden, die größte exakt vor dem Eingang der Hofburg. Johann Strauß jun. schrieb den Walzer «Barrikaden-Lieder» und den «Revolutionsmarsch». Als johlende Aufständische den verhassten Ligurianer- (Redemptoristen-) Orden aus Wien vertrieben, komplettierte Strauß den Hohn mit seiner Scherzpolka «Ligurianer- Seufzer», fügte dem noch ein «Katzenmusiktrio» an und deklarierte sich damit als Antiklerikaler. Johann Strauß sen. dagegen huldigte dem kaiserlichen Feldherrn Radetzky, dem Bezwinger der Aufständischen in der Lombardei, mit seinem bis heute populärsten Werk, dem «Radetzkymarsch», und sprach damit den meisten Wienern aus dem Herzen. Denn sie waren der Politik und der Revolution überdrüssig und ersehnten sich ein Ende der Wirren und des Blutvergießens.

Am 29. Juni wählten die Frankfurter Abgeordneten Erzherzog Johann zum «Reichsverweser», einer Art gesamtdeutschen Staatsoberhaupt. Johann, «der steirische Prinz», war ein jüngerer Bruder Kaiser Franz I., aber im Haus Habsburg trotz seiner hohen Intelligenz und Musikalität wenig geschätzt. Denn er war mit einer Bürgerlichen, der Ausseer Postmeisterstochter Anna Plochl, verheiratet und lebte wie ein normaler Bürger: jedem höfischen Zeremoniell und Pomp abgewandt, immer im «grauen Rock», also als Bürger gekleidet.

Die ehrenwerten Männer der Paulskirche wurden von den jeweiligen Regierungen kaum unterstützt, von Österreich sogar offen bekämpft. Denn der Vielvölkerstaat war ja mit dem deutschen Nationalismus unvereinbar. Während die Männer der Paulskirche debattierten und die Grundrechte formulierten, gewann das alte System immer mehr an Kraft – nicht zuletzt mit antisemitischen Parolen gegen die «jüdische Revolution». Die Stimmung wurde radikaler. Viele Bürger begannen sich zu fürchten.

Am 6. Oktober 1848 stürmten Revolutionäre das Kriegsministerium in Wien, ermordeten den Kriegsminister Graf Theodor Latour und hängten seine zerschundene Leiche an einer Gaslaterne auf. Die verstörte kaiserliche Familie floh noch am selben Tag aus Wien, und die kaiserlichen Truppen schlugen die Aufständischen gewaltsam nieder. Die Wiener waren damit von jedem Nachschub abgeschlossen und hungerten, die Stadt musste kapitulieren. Auf dem Turm des Stephansdoms wehte nun wieder die schwarzgelbe habsburgische Fahne. Die Revolutionsmusik des jungen Strauß wurde verboten, seine Noten wurden beschlagnahmt. Und Erzherzogin Sophie schrieb am 1. November in ihr Tagebuch, «die guten Bürger» hätten sich zu Windischgrätz begeben, «um ihn zu bitten, das Feuer und Bombardement auf Wien fortzusetzen», da dies das einzige Mittel sei, der Anarchie ein Ende zu bereiten.

Am 27. Oktober 1848 stimmte die Frankfurter Nationalversammlung für den Zusammenschluss sämtlicher deutscher Staaten einschließlich der deutschsprachigen Länder des Habsburgerreiches. Wien aber lehnte ab. Fortan konzentrierte sich Frankfurt auf eine «kleindeutsche» Lösung ohne Österreich.

Am 9. November 1848 wurde in Wien ein rasches, blutiges Gericht abgehalten. Unter den zahlreichen Hingerichteten war auch Robert Blum, der demokratisch gewählte deutsche Abgeordnete der Frankfurter Nationalversammlung. Proteste, die auf die Rechtswidrigkeit des Verfahrens und Blums Immunität hinwiesen, nützten nichts. Auch der jüdische Demokrat und Journalist Dr. Hermann Jellinek wurde hingerichtet, was von seinen Freunden mit dem bitteren Satz kommentiert wurde: «Man brauchte einen Juden und hatte sonst keinen zur Hand!»

Zahlreiche Abgeordnete verließen die Paulskirche, und die restlichen übersiedelten nach Stuttgart. Der Neoabsolutismus hatte die Revolution besiegt. Erzherzog Johann legte erst am 20. Dezember 1849 sein Amt als Reichsverweser nieder. Er lebte fortan wieder in Graz, wo er zehn Jahre später starb.

Strauß Vater demonstrierte seine konservative Überzeugung und besuchte 1849 bei einer Konzertreise in England den exilierten Fürsten Metternich, der nun wieder als Autorität galt. Als Strauß im September 1849 an einer Infektion starb, trat sein Sohn sofort in die väterlichen Fußstapfen und übernahm dessen Orchester. Und, Revolution hin oder her: Der Junior wechselte nun die Fronten, bemühte sich um die Gunst des jungen Kaisers und komponierte den «Kaiser Franz Josephs-Marsch» auf den kaiserlichen Wahlspruch «Viribus Unitis» («Mit vereinten Kräften»).

Der alte Fürst Metternich kehrte 1851, drei Jahre nach seiner erzwungenen Flucht, aus England nach Wien zurück und starb hier 86jährig. Bezeichnend für die Rolle, die die Revolution von 1848 im österreichischen Gedächtnis spielt, gelten bis heute nicht die Freiheitskämpfer und Demokraten als Helden des Jahres 1848/49, sondern die Generäle, die die Revolution erstickten: Jellacic, Windischgrätz, vor allem aber Radetzky. Beim jährlichen Wiener Neujahrskonzert, das im Fernsehen live in alle Welt übertragen wird, wird als fixer Programmpunkt vor dem abschließenden Donauwalzer der Radetzky-Marsch von Johann Strauß (Vater) gespielt.

8

FRANZ JOSEPH UND ELISABETH

Am 2. Dezember 1848 trat Kaiser Ferdinand die Herrschaft an seinen erst 18jährigen Neffen Franz Joseph ab. Dem gutmütigen Ferdinand folgte nun eine strenge Regierung: Der unerfahrene junge Kaiser, geleitet von seiner energischen, konservativen Mutter Erzherzogin Sophie, entzog dem Volk die von Ferdinand versprochenen Freiheiten und regierte nun im Zeichen des Neoabsolutismus, gestützt auf Polizei, Militär, Kirche und Aristokratie.

Im Februar 1853 scheiterte in Wien der Mordanschlag des Ungarn János Libényi auf den 22jährigen Kaiser Franz Joseph. Die rasche Abwehr seines Flügeladjutanten Oberst Maximilian O'Donnell rettete ihm das Leben, indem er das Messer des Attentäters vom Kopf auf den steifen Uniformkragen des Kaisers ablenkte, wodurch dieser nur leicht verletzt wurde. Der zufällig anwesende Fleischhauer Josef Ettenreich fasste den Attentäter und übergab ihn der Polizei. Eine Woche später wurde Libényi hingerichtet. Franz Josephs jüngerer Bruder und Thronfolger Erzherzog Maximilian ließ zum Dank für die Rettung am Ort der Bluttat die Votivkirche bauen.

Das Attentat war für die Kaiserfamilie ein Zeichen, den jungen Kaiser so bald wie möglich zu verheiraten, um die Nachfolge zu sichern. Erzherzogin Sophie hatte schon seit langem eine Braut im Sinn, nämlich ihre bayrische Nichte Helene, die älteste Tochter ihrer Schwester Maria Ludovika und des Herzogs Max in Bayern. Das Mädchen war bereits seit Jahren für ihre hohe Position erzogen worden.

Am 18. August 1853, Franz Josephs 23. Geburtstag, trafen sich die jungen Leute in Ischl im Salzkammergut, um Verlobung zu feiern. Aber Franz Joseph beachtete Helene kaum und hatte nur Augen für deren 15jährige Schwester Elisabeth, genannt Sisi. Er widerstand den Wünschen seiner energischen Mutter und setzte durch, nicht Helene, sondern die kindliche Elisabeth zur Kaiserin zu machen. Dem schüchternen, überraschten Mädchen blieb keine andere Wahl, als den Antrag anzunehmen. Denn, wie ihre Mutter meinte: «Einem Kaiser gibt man keinen Korb».

Elisabeth war in einem unkonventionellen kinderreichen Haushalt fern vom Münchner Hof aufgewachsen. Ihr Vater vergnügte sich damit, die Aristokraten zu provozieren, etwa wenn er zum Entsetzen der guten Gesellschaft in der Manege seines Münchner Palais als Zirkusreiter auftrat. Seine frei erzogenen Kinder waren gute Reiter, Schwimmer und Wanderer, sprachen bayrischen Dialekt und hatten bäuerliche Freunde. Da die Herzogsfamilie keinerlei Funktion am Münchner Hof hatte, kümmerte sie sich nicht um höfische Regeln. Ihre Kinder waren nicht für den Hof erzogen – mit der Ausnahme Helene.

Nun aber, als der verliebte Kaiser der kleinen scheuen Elisabeth die beste Partie des Jahrhunderts anbot, musste sie in Windeseile alles lernen, was sie bisher versäumt hatte: höfische Konversation, Tanzen, Fremdsprachen, österreichische Geschichte und vor allem Rang- und Protokollfragen, die an keinem Hof so streng befolgt wurden wie in Wien. Immerhin sollte das Mädchen bereits im April 1854 Kaiserin von Österreich, Königin von Böhmen und Ungarn werden. Elisabeth aber, die Wien und den Kaiserhof nicht kannte, fürchtete sich vor ihrem künftigen Leben. Ihre Angst gipfelte in dem verzweifelten Satz über ihren kaiserlichen Bräutigam: «Wenn er doch nur ein Schneider wäre!»

Die Kaiserhochzeit fand am 24. April 1854 in Wien statt. In der von 15 000 Kerzen taghell erleuchteten Augustinerkirche nahm der Wiener Kardinal-Erzbischof Rauscher die Trauung unter der Assistenz von siebzig Bischöfen und Prälaten vor. Im Zeremoniensaal der Hofburg gab es dann eine große Gratulationscour, bei deren Anblick die Frischgetraute in ein Nebenzimmer floh und in Tränen ausbrach. Die Sechzehnjährige fürchtete sich vor den Gratulanten, dem Wiener Hof, dem strengen Protokoll, ihrer Schwiegermutter und den Höflingen.

Fortan wurde am Wiener Hof aus dem natürlichen Mädchen vom Land eine gehemmte, stille, schwermütige junge Frau. Sie trat in der Öffentlichkeit eher linkisch auf und galt am Hof wegen ihres bayerischen Akzentes und fehlender Sprachkenntnisse als «schönes Dummerl». Nach der Geburt von zwei Töchtern erfüllte Elisabeth 1858 endlich ihre Hauptaufgabe und schenkte dem Hause Habsburg den Kronprinzen: Rudolf. Der stolze Vater schmückte seinen Sohn bereits am ersten Lebenstag mit dem Orden vom Goldenen Vließ und ernannte ihn zum Offizier der kaiserlichen Armee. Und noch im selben Jahr ließen er und sein Onkel König Ludwig I. von Bayern den Dom von Speyer restaurieren samt den alten Kaisergräbern, so auch dem des Ahnherrn Rudolfs von Habsburg. Das nötige Geld nahmen beide aus ihren Privatschatullen. Und die Nationalhymne erhielt eine sechste Strophe:

Heil auch Öst'reichs Kaisersohne, Froher Zukunft Unterpfand,
Seiner Eltern Freud' und Wonne, Rudolf tönt's im ganzen Land,
Unsern Kronprinz Gott behüte, Segne und beglücke ihn,
Von der ersten Jugendblüthe Bis in fernste Zeiten hin.

Die schüchterne Elisabeth blieb am Wiener Hof eine Fremde. Sie musste sich von ihrer strengen Schwiegermutter und Tante, der Erzherzogin Sophie, immer noch erziehen lassen, war einsam und hatte Heimweh nach Bayern, ihren Eltern und Geschwistern. Bald traten gesundheitliche Probleme auf: Angstanfälle und Depressionen, nervöser Husten und schwere Magersucht.

Als Elisabeth nach fünfjähriger Ehe erfuhr, dass Franz Joseph ihr untreu war, sie also auch ihn zu verlieren drohte, reagierte sie panisch. Sie floh nach Bayern, dann auf die Atlantikinsel Madeira, dann nach Korfu, begleitet von ihr ergebenen Hofdamen und Ehrenkavalieren. Der Öffentlichkeit wurde ihre Flucht mit schwerer Krankheit (Lungenschwindsucht) erklärt. Auf die flehentlichen Bitten des Kaisers, doch nach Wien zurückzukehren, reagierte sie nicht. Schwiegermutter Sophie aber, die mit dem baldigen Ableben ihrer kranken Schwiegertochter rechnete, war bereits auf der Suche nach einer tüchtigeren Ehefrau für ihren Sohn. Die Kaiserkinder waren in großmütterlicher Obhut, natürlich mit zahlreichem Personal.

Erst nach rund zweijähriger Abwesenheit kehrte Elisabeth nach Wien zurück als eine andere Frau: energisch, selbstbewusst und vor allem eine voll erblühte Schönheit. Diese Schönheit gab ihr Macht über den nicht mehr geliebten Ehemann, der nun ihr demütig ergebener Verehrer war. Schwiegermutter Sophie verlor an Einfluss.

Von nun an ging Elisabeth selbstbewusst ihren eigenen Weg und versuchte mit aller Kraft, sich als Person und nicht als Kaiserin zu profilieren. Ihre inzwischen legendäre Schönheit war das Ergebnis von Hungerkuren, täglichem stundenlangen Turnen und Wandern. Aufwendige Schönheitsmittel brauchte sie vor allem für ihre langen, in kunstvollen Flechtfrisuren gebändigten Haarfluten. Von den damals üblichen Schönheitsmitteln wie Schminke oder Parfum hielt sie jedoch nichts. Natürlichkeit und Anmut waren ihre – für das 19. Jahrhundert ungewöhnlichen – Schönheitskriterien. Und nie ließ sie einen Zweifel daran, dass sie diese Schönheit ausschließlich für sich selbst pflegte und nicht etwa für ihren Ehemann.

Inzwischen erwies sich Kaiser Franz Joseph als ungeschickter Politiker. Hilflos und schlecht beraten tappte er in die Fallen, die ihm die politischen Veränderer dieser Zeit auslegten: Napoleon III. in Frankreich, Cavour in Italien und Bismarck in Preußen. Sie forcierten den Nationalismus mit dem Ziel, auf Kosten der multinationalen Habsburgermonarchie neue Nationalstaaten zu bilden. Bereits zu Jahresende 1853 schrieb Bismarck in einem Brief über die Beziehung zwischen Preußen und Österreich: «Für beide ist kein Platz nach den Ansprüchen, die Österreich macht, also können wir uns auf die Dauer nicht vertragen. Wir atmen einer dem andern die Luft vor dem Munde fort, einer muß weichen oder vom andern ‹gewichen werden›, bis dahin müssen wir Gegner sein, das halte ich für eine unignorierbare Tatsache, wie unwillkommen sie auch sein mag.»

1863 berief Franz Joseph den Frankfurter Fürstentag ein, um eine Reform des Deutschen Bundes durchzusetzen – ein letzter Versuch, Deutschland zu einigen und «die vielen Souveräne Deutschlands vor dem Untergange durch die wachsende Revolution zu retten. Leider will sich Preußen aus Eifersucht und Verblendung an dem Werk nicht beteiligen, wodurch die Sache sehr erschwert wird.» Er beharrte auf der Hegemonie der Habsburger, sah allein im deutschen Fürstenbund die Lösung des deutschen Problems und ließ schwarzrotgoldene Fahnen hissen. Sein kluger Bruder Maximilian dagegen schimpfte über die 34 eingeladenen deutschen Fürsten: «Man muß nun diese Trotteln kennen, um sich eine Idee von diesen Verhandlungen zu machen. Das Ganze scheint mir ein sehr gewagter Streich, der sehr leicht zu einer großartigen Blamage führen kann und unserem armen Österreich nur Schaden bringen kann.»

Bismarck, der ein national geschlossenes «Deutsches Reich» anstrebte, handelte zielbewusst und konsequent. Er zog den arglosen Franz Joseph 1864 an der Seite Preußens in einen Krieg gegen Dänemark, wobei es um Schleswig und Holstein ging. Dem Sieg folgte der Kampf um die Beute: Schleswig ging an Preußen, Holstein an Österreich. Aber Bismarck, der beide Länder wollte, ließ 1866 Truppen in das von Österreich besetzte Holstein einmarschieren. Als Wien protestierte, antwortete Preußen mit Krieg, der sich vor allem in Böhmen abspielte.

Am 3. Juli 1866 besiegte Preußen in der Schlacht bei Königgrätz die österreichisch-sächsische Armee. Im August wurde in Prag der Friedensvertrag unterzeichnet. Der Deutsche Bund wurde aufgelöst. Franz Joseph schrieb an Elisabeth: «Aus Deutschland treten wir jedenfalls ganz aus, ob es verlangt wird oder nicht, und dies halte ich nach den Erfahrungen, die wir mit unseren lieben deutschen Bundesgenossen gemacht haben, für ein Glück für Österreich.» Die deutsche Frage war im «kleindeutschen» Sinn entschieden. Das multinationale Österreich wurde aus Deutschland hinausgeworfen.

Obwohl Österreich an der italienischen Front siegte, musste es Venetien an Napoleon III. abtreten. Dass dieser dann Venetien sofort an Italien weitergab, zeigt, wie wichtig das Prinzip des Nationalstaates inzwischen war. Preußen verzichtete auf österreichische Gebietsabtretungen, annektierte aber Hannover, Kurhessen, Frankfurt und Schleswig-Holstein. Hannover traf es besonders hart: Bismarck ließ das riesige Privatvermögen der Welfen einziehen und bestritt damit fortan den «Reptilienfonds», eine Art schwarze Kasse, die jedes Jahr reiche Zinsen trug, aber auch rasch und unbürokratisch Bismarcks Politik unterstützen konnte.

Der entthronte blinde König Georg V. von Hannover floh mit seiner Familie nach Österreich. Dort schenkte ihm Kaiser Franz Joseph, sein Koalitionspartner und Freund, aus eigenem Landbesitz ein sehr großes und schön gelegenes Grundstück im Salzkammergut mit einem Jagdgebiet: der Grünau im Almtal. Die Welfen bauten sich nun in Gmunden das Schloss Cumberland als ihren neuen Stammsitz. Erst in den 1930er-Jahren verlegten sie ihren Hauptsitz wieder nach Hannover, sind aber noch häufig in Gmunden und Umgebung.

Die Habsburger waren nach der Niederlage von Königgrätz militärisch, politisch und wirtschaftlich gedemütigt. Um die hohen Reparationen zahlen zu können, wurde eisern gespart. Die Wiener schimpften über die unfähige Regierung und den Kaiser und suchten wie üblich Trost in Tanz und Spiel. Im düsteren Fasching des Jahres 1867 komponierte Strauß seinen Walzer «An der schönen blauen Donau», dessen Original-Text den fast bankrotten Staat und dessen Politiker verhöhnte: *«Wiener seid froh! / Oho! Wieso! … / Was nützt das Bedauern, das Trauern.»* Und über die «politischen Herr'n»:

Sie *«drehen weise im Kreise sich gern, / Wenn auch scheinbar bewegend sich keck, / Kommen doch sie niemals vom Fleck ... / Wie's auch Noten schreib'n noch so exakt, / Kommen's leider Gott stets aus dem Takt.»* Von Solidarität mit der habsburgischen Misere ist nichts zu spüren.

Nach dem Ausschluss der habsburgischen Länder aus dem Deutschen Bund wurde 1867 aus dem Kaisertum Österreich der neue Staat Österreich-Ungarn, das «kaiserlich und königliche» («k.u.k.») Reich, das aus zwei gleichberechtigten Hälften bestand: «Cisleithanien» – also die westlichen Länder diesseits des Flusses Leitha – und Ungarn. Das Reich hatte nun zwei Hauptstädte (Wien und Budapest), ein kompliziertes System eigener und gemeinsamer Ministerien und eine gemeinsame und eine getrennte Finanzierung, um die von nun an ständig gestritten wurde. Die wichtigste Fürsprecherin für Ungarn war Kaiserin Elisabeth. Sie liebte das Land, lernte eifrig Ungarisch und förderte die Politik des Grafen Gyula Andrássy, des ehemaligen Revolutionärs von 1848, der ihr bester Freund wurde.

Das Habsburgerreich musste nun geordnet und den Bürgern mussten mehr Rechte eingeräumt werden. Aber das neue Regierungssystem benachteiligte vor allem Böhmen. Es war – im Gegensatz zu Ungarn – durch den Krieg verwüstet, erhielt aber trotzdem keinerlei Sonderrechte und wurde weiterhin von Wien aus regiert. Joseph hatte zwar den Böhmen bereits seit langem und handschriftlich die Krönung zum König von Böhmen versprochen, aber nie gehalten. Dies alles verstärkte den böhmischen Nationalismus und trug erheblich zum Niedergang des Habsburgerreiches bei.

Um seine Herrschaft nicht zu verlieren, trat Franz Joseph in den Rang eines konstitutionellen Herrschers zurück und räumte seinen Völkern lang vorenthaltene Rechte und Freiheiten ein. Endlich gaben nun die Gesetze des Jahres 1867 allen Bürgern der k. u. k. Monarchie die Gleichberechtigung, inklusive der Juden, aber mit Ausnahme der Frauen. Die Bürger konnten innerhalb der Monarchie ihren Wohnort wählen, zur Arbeit, zum Studium oder zur Heirat. Die Stadt Wien war für viele Zuwanderer höchst attraktiv. Die stärkste Gruppe der Zuwanderer waren jiddischsprachige Ostjuden, die sich in der Hauptstadt sicherer fühlten als im antisemitischen Galizien.

In der Mathiaskirche in Budapest wurde Franz Joseph zum König von Ungarn gekrönt, und zwar von Gyula Andrássy. Die 29jährige Elisabeth wurde von den Ungarn als «schönste Monarchin der Welt» umjubelt, von fremden Potentaten angestaunt und von Schaulustigen und Reportern verfolgt.

Am Wiener Hof aber löste die Budapester Krönung scharfe Kritik aus. Vor allem die böhmischen Aristokraten am Wiener Hof waren über die Zurücksetzung Böhmens und Elisabeths glühende Zuneigung zu Ungarn erbost. Trotzig und selbstbewusst, wie Elisabeth war, rächte sie sich, indem sie fortan Wien und die «Kerkerburg», wie sie die Hofburg nannte, nach Möglichkeit mied. Sie umgab sich fast nur noch mit ungarischen Hofdamen und sprach mit ihnen ungarisch, das ihre Wiener Umgebung nicht verstand. Innerhalb weniger Jahre gelang es ihr, wie «eine ungarische Bäuerin» zu sprechen. Aber Elisabeth erfüllte ihrem Ehemann ihr Versprechen, ein weiteres Kind zu bekommen, erhoffte sie sich doch einen zweiten Knaben als künftigen König von Ungarn. Das «ungarische Kind» wurde 1868 in Budapest geboren und war ein Mädchen: Marie Valerie, Elisabeths Lieblingskind. Andrássy war Taufpate.

Das Schloss Gödöllö, Ungarns Krönungsgeschenk, war nun Elisabeths liebster Aufenthalt. Sie ließ sich hier eine Zirkusmanege bauen wie einst ihr Vater in München und ritt dort schwere Dressur. Die Zirkusreiterin Elise Renz wurde ihre beste Lehrerin und Freundin und brachte ihr viele Kunststücke bei, wie etwa mit dem Pferd durch zwei Reifen zu springen. Am Wiener Hof ließ sie sich so wenig wie möglich blicken. Für Cisleithanien war sie keine gute Kaiserin und ihren älteren Kindern Gisela und Rudolf keine gute Mutter.

Seit 1867 war Elisabeth bereits zu Lebzeiten eine Ikone: die «schönste Kaiserin der Welt», eine selbstbewusste Frau, die tat, was sie wollte – in dem Bewusstsein, dass Franz Joseph ihr demütig er-

König Franz Joseph von Ungarn mit Elisabeth und den Kindern Gisela und Rudolf in ungarischer Tracht vor dem Schloss Gödöllö

geben war. Dass sie hoch gebildet und intellektuell sehr ehrgeizig war, wusste kaum einer ihrer Zeitgenossen.

Da sie dem Kaiser versprechen musste, sich fortan nicht mehr in die Politik einzumischen – denn die Wiener Höflinge waren über die ungarischen Privilegien erbost – zog sich Elisabeth nun völlig aus der Politik zurück und konzentrierte sich auf den Reitsport, vor allem in England und Irland. Um die Beste zu sein, und das im schwierigen

Damensitz, trainierte sie täglich bis zur Erschöpfung. Außerdem lernte sie eifrig und erfolgreich Englisch. Ihr moderner Lieblingsroman war Henry R. Haggards «She»: die Geschichte der ägyptischen Königin, halb priesterliche Jungfrau, halb femme fatale, die zweitausend Jahre alt wurde, aber immer jung und schön blieb – so lange, bis sie ihre Jungfräulichkeit verlor und starb, zerstört durch die Liebe. In all ihren Schlafzimmern ließ sie nun Bilder von der Feenkönigin Titania aus Shakespeares «Sommernachtstraum» an die Wand hängen, und zwar ausgerechnet in jener Szene, als Titania am nächsten Morgen einen Esel als Liebhaber in ihren Armen findet.

Mehr und mehr interessierte sich die Kaiserin auch für Geisteskrankheiten, die ja bei den Wittelsbachern immer wieder auftraten. Heimlich und meist im Ausland besuchte sie unter dem Decknamen «Gräfin von Hohenembs» Irrenanstalten und unterhielt sich dort mit Patienten und Ärzten. Dies ging einmal so weit, dass eine Kranke, die meinte, Kaiserin Elisabeth zu sein, sich wütend und schimpfend auf die wirkliche Kaiserin stürzte und sie zur Flucht zwang. Um Dr. Jean Martin Charcot bei einer seiner legendären Hypnose-Behandlungen zu erleben, reiste Elisabeth eigens nach Paris.

Wien befand sich zwischen 1860 und 1890 im größten städtebaulichen Umbruch seiner Geschichte. Die alten Festungsanlagen mit den Stadttoren und Basteien wurden abgebrochen, die allzu enge und dunkle Innenstadt großzügig zu den Vorstädten geöffnet und erweitert. Rund um den ersten Bezirk entstand die Ringstraße mit prachtvollen Bauten: Parlament, Rathaus, Burgtheater, die kaiserliche Hofoper, Börse, Kunstakademie, Votivkirche, Kunst- und Naturhistorisches Museum, Ämter und riesige Kasernen, aber auch schöne Parks. Jährlich hatte Wien nun ein anderes Gesicht, jeweils geprägt durch neue Bauten. Die Phasen des Ringstraßenbaus sind mit Werken von Johann Strauß dokumentiert, von der «Demoliererpolka» 1862 über den Walzer «Neu-Wien» 1870 bis zum Walzer «Groß-Wien» zur Eingemeindung der äußeren Vorstädte 1890. Wien wurde eine moderne europäische Metropole.

1879 wurde in Wien die Silberhochzeit des Kaiserpaares pompös gefeiert, laut Franz Joseph «ein wahres Familienfest aller Völker Meines Reiches». Die Hauptattraktion war der von Hans Makart gestaltete Huldigungsfestzug rund um die neue Ringstraße: Fanfarenbläser auf weißen Rossen, prunkvolle Festwagen, zehntausend Menschen in mittelalterlichen Kostümen der alten Handwerkszünfte, aber auch Darstellungen aus der Industrie. Höhepunkt des Zuges war der geflügelte Festwagen der Eisenbahner.

Die Wiener waren von all den Sensationen überwältigt. Nur eine Person, nämlich die Kaiserin, hatte keine Freude an all dem Pomp. Wie ihre Nichte Marie Larisch berichtete, habe sie «meist eine Miene wie eine indische Witwe, die verbrannt werden soll» gemacht und gesagt, es sei schon genug, 25 Jahre verheiratet zu sein, aber deshalb Feste zu feiern, sei unnötig. Kein Wunder, dass der Hof wie auch die Wiener ihre Kaiserin heftig kritisierten.

In den 80er-Jahren, als Elisabeths Schönheit schwand, ihre Haut faltig und grau wurde und das Reiten ihr wegen fortschreitender Gicht schwer fiel, durchwanderte sie Griechenland auf den Spuren des Odysseus. Bei ihren vielstündigen täglichen Märschen ließ sie sich von Studenten begleiten, die ihr – beim raschen Gehen über Stock und Stein – griechische Texte vorlasen. Sie lernte und lernte.

1888 erklärte die 51jährige Elisabeth dem überraschten Kaiser, fortan Griechenland als ihre «Zukunftsheimat» zu betrachten und sich auf ihrer Lieblingsinsel Korfu ein Haus zu bauen. Auf einem Hügel mit herrlichem Meerblick entstand auf einem riesigen Grundstück das luxuriöse «Achilleion», genannt nach Elisabeths antikem Lieblingshelden Achill. Das Schloss war nur für sie allein bestimmt. Hier trainierte sie ihr Gehirn, indem sie ihr Lieblingsstück, Shakespeares «Sommernachtstraum», aus dem englischen Original ins Neugriechische übersetzte. Und bald antwortete sie bei ihren Inkognito-Reisen auf Fragen nach ihrer Herkunft, sie sei Griechin.

9

KRONPRINZ RUDOLF

Der kleine Rudolf, wegen seiner zarten Konstitution vom Vater «Krepierl» genannt, wurde auf Franz Josephs Befehl mit aller Gewalt zum Soldaten erzogen. Zu diesem Zweck wurde der berüchtigt strenge Generalmajor Leopold Graf Gondrecourt engagiert mit der kaiserlichen Anweisung: «Es muß die geistige Entwicklung verständig gedämpft werden, damit jene des Körpers gleichen Schritt haltet.» Daraufhin wurde der hoch intelligente, sensible Kronprinz mit geradezu sadistischen Abhärtungsmaßnahmen zu einem forschen Soldaten erzogen. Je grausamer aber der Drill war, umso ängstlicher wurde das Kind. Es weinte viel und verweigerte die Nahrung. Sein Zustand verschlechterte sich so, dass man am Hof seinen Tod befürchtete.

In dieser Situation informierte Rudolfs Lieblingslehrer Josef Latour von Thurmburg die Kaiserin über das Elend ihres 6jährigen Sohnes. Daraufhin schrieb sie ihrem Ehemann ein Ultimatum und forderte Privilegien für sich selbst, aber auch Gondrecourts sofortige Entlassung. Als neuen Leiter von Rudolfs Erziehung bis zur Volljährigkeit bestand sie auf Latour. Franz Joseph, der seiner «Engels-Sisi» keine Bitte abschlug, ging darauf ein. Fortan verehrte Rudolf seine Mutter innig, auch wenn sie sich gar nicht mehr um ihn kümmerte.

Zur Empörung der Hofgesellschaft reduzierte Latour bei seinem Schützling den militärischen Drill und engagierte im Einvernehmen mit der Kaiserin tüchtige bürgerliche Lehrer gleich welcher Konfession. Das verstieß gegen alle höfischen Regeln. Denn laut dem Konkordat von 1855 war die katholische Kirche in allen Schulen der Monarchie maßgebend, und es wurden nur katholische Lehrer akzeptiert. Dieses Konkordat wurde nun ausgerechnet beim Kronprinzen nicht beachtet. Ob Katholik, Protestant oder Jude, Atheist oder Freimaurer: der Kronprinz sollte laut Latour nicht nur fachlich, sondern auch pädagogisch die besten Lehrer haben und die grausamen militärischen Dressuren vergessen. Tatsächlich erholte sich das Kind in dieser neuen Umgebung und erwies sich bald als hochbegabt, freilich mit Ausnahme der militärischen Fächer. Von nun an nannte Rudolf seinen geliebten Erzieher Latour zärtlich «mein liebes Alterle» und tat dies bis zu seinem Tod.

Unter den von Latour sorgfältig ausgewählten zahlreichen Lehrern des Kronprinzen waren bedeutende Intellektuelle aus allen Nationalitäten der Monarchie. Zum Beispiel empfahl Andrássy der Kaiserin 1871 für Rudolf einen Lehrer für ungarische Geschichte: Bischof Hyazinth Rónay. Kurios und für Wiener Höflinge provozierend war, dass Rónay bei der Revolution von 1848 Feldkaplan gewesen war und die ungarischen Rebellen gegen das Haus Habsburg unterstützt hatte. Außerdem hatte er sehr moderne Bücher geschrieben wie: «Das naturwissenschaftliche System der Seele» und « Die Entstehung der Rasse». Und vor allem: Rónay war Freimaurer und verkündete unbedingte Toleranz in Glaubenssachen. Von diesem Lehrer bezog Rudolf auch seine Verehrung für den Reformkaiser Josef II., dem er von nun an als seinem Ideal nacheiferte.

Ein anderer Lieblingslehrer des 17jährigen Rudolf war der berühmte Nationalökonom Prof. Carl Menger. Dieser schrieb später über seinen Schüler, er sei «vielleicht der erste Kronprinz in Europa, welcher eine vollständige wirtschaftliche Ausbildung erhalten hat ... Dieser Unterricht war nicht bloß eine Tändelei, welche so oft bei den Söhnen der Fürsten angewendet wird, um sie mit einer äußeren Fertigkeit auszustatten.» Rund vierzig handgeschriebene lange Aufsätze Rudolfs über wirtschaftliche und soziale Themen sind erhalten.

Darin geht es um Missstände wie «Überbürdung durch Arbeit», «verderbliche Behandlung» der Arbeiter durch die Fabriksherren und die damals übliche Kinderarbeit in den unteren sozialen Schichten. Immer wieder appellierte Rudolf an «Gerechtigkeit und Menschlichkeit». Und Menger schrieb voll Stolz über seinen Schüler: «Er war volksfreundlich durch und durch... Es lebte in ihm ein Trieb zur Gerechtigkeit, welcher allen Vorrechten einzelner Classen widerstrebte.» In höfischen Kreisen freilich war Menger wegen seiner jüdischen Abstammung und seiner liberalen Ideen persona non grata.

Sein Leben lang blieb Rudolf den Grundsätzen seiner liberalen Erziehung treu und kam dadurch in schwere Konflikte mit dem konservativen Wiener Hof. Wie seine Mutter Elisabeth betrachtete auch er nicht die Aristokratie, sondern das Bürgertum als «die Basis des modernen Staates». Seinem verehrten Oheim Josef II. nacheifernd, lehnte er den Vorrang der Kirche in der Politik ab und forderte die Freiheit der Wissenschaft. Er provozierte gerne die Hofgesellschaft, die er zu Recht für ungebildet hielt. Intellektuelle und Bürgerlichekonnten auf bessere Zeiten unter einem weltoffenen, bürgerfreundlichen und toleranten Reformkaiser Rudolf in einer demokratischen Zukunft hoffen.

Rudolfs Erziehung endete 1876, als er 18 Jahre alt wurde. Seinen größten Wunsch, Naturwissenschaften zu studieren, lehnte der Vater ab. Da Elisabeth keinen Versuch mehr unternahm, ihrem Sohn zu helfen, musste Rudolf nun auf väterlichen Befehl eine Militärkarriere machen. Das war genau das, was er nicht wollte und nicht konnte. Als Rudolfs Obersthofmeister wurde nun Graf Charles Bombelles eingesetzt, der einst im Dienst des Kaisers Max von Mexiko, Franz Josephs jüngerem Bruder, gestanden hatte. Und wie er dem Kaiser Max heimlich schöne Frauen zuführte, so tat er dies nun auch beim jungen Kronprinzen. Denn auf diese Art sollte Rudolf von seinen politischen und schriftstellerischen Liebhabereien abgelenkt werden. Aber der junge Mann widmete sich trotz des anstrengenden

Militärdienstes und zahlreicher Liebschaften nach wie vor auch der Schriftstellerei.

Nach einer mehrwöchigen Englandreise mit seinem Lehrer Anton Menger gab der 19jährige 1878 eine anonyme und sehr kritische Broschüre heraus: «Der österreichische Adel und sein constitutioneller Beruf. Mahnruf an die aristokratische Jugend». Zahlreiche Denkschriften und Bücher folgten. Außerdem betätigte er sich bald heimlich und unter strengsten Sicherheitsvorkehrungen als politischer Journalist für das liberale «Neue Wiener Tagblatt», dessen Inhaber und Chefredakteur sein väterlicher jüdischer Freund und Mentor Moriz Szeps war.

Dass Rudolf jüdische Gelehrte und Journalisten bevorzugte, brachte ihm die Verachtung des Adels und der Hofgesellschaft ein. Dies ging so weit, dass österreichische Antisemiten ihn in französischen Zeitungen als «Judenknecht» beschimpften, da ja in der zensurierten österreichischen Presse jede Kritik an einem Mitglied des Kaiserhauses verboten war. Unter den bürgerlichen und jüdischen Intellektuellen aber, die nach langen Jahren der Stagnation endlich ein liberaleres Klima unter einem Kaiser Rudolf ersehnten, vergrößerte sich die Zahl seiner Anhänger.

Ein Zeugnis von Rudolfs Liebe zum Vielvölkerstaat ist das von ihm organisierte 24bändige Prachtwerk «Österreich-Ungarn in Wort und Bild» in deutscher und ungarischer Ausgabe. Auch als Reiseschriftsteller machte er sich einen guten Namen und dokumentierte seine naturwissenschaftlichen Kenntnisse in zahlreichen, vor allem ornithologischen Aufsätzen, vielfältigen Sammlungen und seiner Mitarbeit am «Thierleben» seines väterlichen Freundes, des Berliner Zoologen Alfred Brehm. Mit Brehm machte Rudolf lange und ergiebige Forschungsreisen durch Spanien und auf der Donau ostwärts. Der katholische Hof aber sah auch in dieser Freundschaft eine Gefahr, da Brehm nicht nur evangelisch, sondern auch begeisterter Freimaurer war. So verbot Franz Joseph schließlich seinem Sohn jeden weiteren Kontakt zu dem Gelehrten, was Rudolf sehr schmerzte.

Im Mai 1881 heiratete der 22jährige Rudolf die 16jährige belgische Königstochter Stephanie. Das junge Paar übersiedelte nach Prag, wo der Kronprinz seine militärischen Aufgaben zu erfüllen hatte. Vor der Geburt ihres ersten Kindes kehrten sie nach Wien zurück und bezogen Schloss Laxenburg. Dort wurde am 2. September 1883 Elisabeth Marie geboren, das einzige, vom Vater abgöttisch geliebte Kind. Nach einer kurzen glücklichen Zeit entfremdete sich das Paar. Das bewahrte sie aber nicht davor, dass Rudolf seine Frau mit einer venerischen Krankheit ansteckte. Sie überlebte, konnte aber keine Kinder mehr bekommen.

All diese Probleme wurden verstärkt durch Rudolfs mangelnden Kontakt mit den kaiserlichen Eltern. Franz Joseph gab seinem ehrgeizigen Sohn nur militärische, aber keine politischen Aufgaben oder Informationen. Daraufhin holte sich Rudolf insgeheim Informationen von seinen bürgerlichen Journalistenfreunden, die fast alle Juden waren – vor allem von seinem väterlichen Freund Moritz Szeps, dem Inhaber des Neuen Wiener Tagblatts.

Rudolf war mit dem deutschen Thronfolger Friedrich befreundet, der mit Viktoria, der Tochter der Queen, verheiratet war. Und er baute beste Beziehungen zu seinem Jagdfreund auf, dem späteren König Edward VII. von England. Rudolfs politisches Zukunftsprogramm fußte auf der harmonischen Zusammenarbeit mit England, Frankreich und dem erhofften baldigen Kaiser Friedrich in Berlin.

Im Dezember 1886 vermittelte Moriz Szeps dem Kronprinzen den Kontakt zu dem sozialistischen Politiker Georges Clemenceau, der zur Hochzeit seines Bruders mit der Szeps-Tochter Sophie nach Wien kam. Rudolf empfing ihn geheim um Mitternacht in seiner Wohnung in der Hofburg und enthüllte ihm sein politisches Programm: «Deutschland wird es niemals verstehen, welch ungemeine Bedeutsamkeit und Weisheit es ist, die Deutsche, Slawen, Ungarn, Polen um die Krone gruppiert. Der Staat der Habsburger hat längst, wenn auch in Miniaturform, Victor Hugos Traum der ‹Vereinigten Staaten von Europa› verwirklicht. Österreich ist ein Staatenblock verschiedenster Nationen und verschiedenster Rassen unter einheitlicher Führung. Jedenfalls ist das die grundlegende Idee eines Österreich, und es ist eine Idee von ungeheuerster Wichtigkeit für die Weltzivilisation. Und wenn auch vorläufig die Ausführung der Idee, um mich diplomatisch auszudrücken, nicht vollkommen harmonisch ist, so will das nicht besagen, daß die Idee selbst falsch ist. Es besagt nur, daß eine solche Idee im liberalsten Sinn Harmonie und Gleichgewicht sichern müßte ... Deshalb müßte meiner Meinung nach Öster-

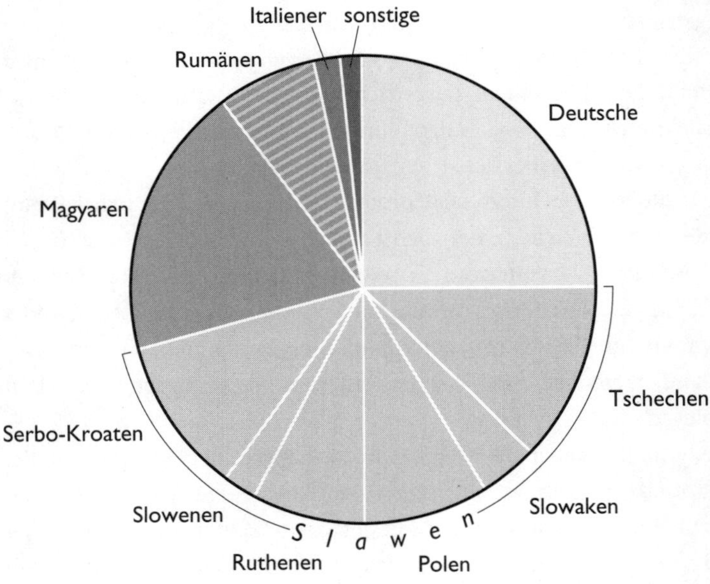

Das Vielvölkerreich der Habsburger um 1900: fast die Hälfte der Bevölkerung war slawisch, ein Viertel deutsch und ein knappes Viertel ungarisch

reich mit den westlichen Demokratien zusammengehen. Denn dort herrscht noch wahrer Liberalismus – persönliche Freiheit, Verachtung der Rassenidee und des Rassenhasses.»

Rudolf wies auf die Mängel an der Ausführung der Idee eines vereinten Europa hin und zielte damit auf die Nationalisten, vor allem die österreichischen Deutschnationalen. Diese fühlten sich als kulturell höherstehende Nation gegenüber den von ihnen verachteten Slawen und forderten deutliche Vorrechte vor den übrigen Völkern der Monarchie. Auch die Ungarn verteidigten in ihrer Reichshälfte ihre alten Vorrechte gegenüber den Nichtungarn und machten aus ihnen zweitklassige Bürger. Rudolfs politisches Ziel aber war ein liberaler Vielvölkerstaat, worin jede Nation der anderen gleichgestellt war, inklusive der immer noch vernachlässigten slawischen Völker, also eine Art «Vereinte Staaten von Europa» im Kleinen, mit guten Beziehungen zu den Westmächten.

Als Rudolfs guter Freund Kaiser Friedrich III. 1888 endlich in Berlin an die Regierung kam, war er bereits todkrank. Seine Regierung dauerte nur 99 Tage. Nachfolger wurde sein Sohn Wilhelm II., der alles andere als eine liberale Linie verfolgte – ein politischer Antipode des gleichaltrigen Rudolf. Wilhelm war deutschnational, konservativ, ein Verächter der multinationalen Donaumonarchie, die seiner Meinung nach dem Untergang geweiht war. Vor allem hasste er die Franzosen. Nicht zu Unrecht befürchtete Rudolf einen deutschen Krieg gegen Frankreich, in den Österreich-Ungarn durch den Bündnispartner hineingezogen würde – mit höchst zweifelhaftem Ausgang.

Rudolfs physische wie psychische Verfassung verschlechterte sich nun dramatisch. Aus Abneigung gegen Wilhelm II. und Furcht vor einem großen Krieg opponierte er gegen den Zweibund mit dem Deutschen Reich und befürwortete eine Annäherung an Frankreich. Diesbezügliche anonyme Schriften Rudolfs – darunter eine Broschüre in Form eines offenen Briefes an Kaiser Franz Joseph – waren von größter politischer Brisanz.

Seit 1886 wusste Rudolf, dass er sich mit Syphilis angesteckt hatte. 1888 wurde der 30jährige, dessen Krankheit seinem militärischen Umfeld nicht verborgen blieb, zum Generalinspektor der Infanterie ernannt, einem äußerst strapaziösen Posten. Der Kranke konnte seine Schwäche nicht mehr vertuschen, und die nun nötigen nächtelangen Eisenbahnreisen zu Truppeninspektionen taten das Übrige.

Rudolf war sich im Klaren darüber, dass er keine Chance hatte, Kaiser zu werden. Augen- und Gelenkentzündungen, schwindende Kraft und Depressionen setzten ihm immer schlimmer zu. Der überarbeitete und verzweifelte Kronprinz flüchtete in Alkohol und Drogen. Seit Herbst 1888 spielte er ernsthaft mit Selbstmordgedanken. Der einzige Mensch, der ihm hätte helfen können, wäre seine Mutter Elisabeth gewesen. Aber sie war gerade damit beschäftigt, sich als Dichterin in der Nachfolge des von ihr glühend verehrten Heinrich Heine zu versuchen, um den Ruhm der Nachwelt zu erringen. Die «Zukunftsseelen» sollten erfahren, was sie, Elisabeth, am Wiener Hof gelitten habe. Sie sollten ihre Einsamkeit kennen und die Schwächen ihrer höfischen Gegner – und ihr Absolution vor der Geschichte erteilen. Die Kaiserin hatte sich so abgekapselt vom Wiener Hof und war fast immer irgendwo in Europa unterwegs, dass sie von den Problemen ihres Sohnes nichts ahnte.

Mitte Januar 1889 brachte das unter Rudolfs Ägide entstandene kleine Blatt «Schwarzgelb. Politisches Journal. Organ für altösterreichische und gesamtstaatliche Ideen» einen Leitartikel, der wie sein politisches Vermächtnis klingt: «Die zehn Gebote des Österreichers». Er zeigt eine exaltierte, verzweifelte Liebe zum multinationalen Österreich und tiefen Hass auf das Deutsche Reich, Bismarck und vor allem Wilhelm II. Etwa das 4. Gebot: «Du sollst keinen Götzendienst treiben weder mit Preußen noch mit dem von Preußen beherrschten Deutschland.» Und das 6. Gebot: «Du sollst nicht begehren die Unterdrückung einer Nation, noch die Herrschaft einer Nation über die andere, denn die vollständige nationale

Gleichberechtigung und die absolute Gerechtigkeit gegen alle Nationen bilden die sicherste Grundlage der österreichischen Staatsexistenz.» Und als 10. Gebot: «Du sollst bei Tag und Nacht unablässig darauf sinnen, wie Österreich seine frühere Macht und Bedeutung zurückgewinnen kann.»

Es sind die Grundsätze des später vereinten Europas, die Rudolf vertrat: Gleichberechtigung aller beteiligten Staaten, Gleichheit aller Menschen vor dem Gesetz, Achtung vor dem jeweils anderen und gegenseitige Hilfe im Notfall.

Der Artikel, der die anstehende Verlängerung des deutsch-österreichischen Zweibundes verhindern sollte, entfachte im Deutschen Reich einen Pressekrieg. Der von Rudolf angegriffene Bismarck wütete gegen Wien. Die klerikale Berliner «Kreuz-Zeitung» spielte unter dem Titel: «Eine internationale Aktion des Groß-Judentums» den «christlichen» Kaiser Wilhelm gegen den «verjudeten» österreichischen Kronprinzen aus.

Als Rudolf seine Geliebte Mizzi Caspar bat, mit ihm zu sterben, weigerte sich die junge Frau. Mutig kämpfte sie sich bis zum Ministerpräsidenten Graf Taaffe vor, informierte ihn über Rudolfs Pläne und flehte ihn an, den Kaiser zu bitten, einzugreifen und damit Rudolfs Leben zu retten. Taaffes Pflicht als Ministerpräsident, Innenminister und oberster Herr der Polizei wäre es gewesen, sofort die kaiserliche Familie zu informieren. Aber er war nicht gewillt, ausgerechnet seinen mächtigsten Feind zu retten. Er unternahm nichts und wartete ruhig auf Rudolfs Tod. Die Kaiserin war ohnehin auf Reisen.

Da Mizzi alles versuchte, um Rudolfs Leben zu retten, suchte sich Rudolf eine andere Gefährtin für den Tod und fand die 17jährige Baronesse Mary Vetsera, die ihn seit langem umschwärmte. Rasch wurde Mary Rudolfs williges, ja romantisch-begeistertes Opfer. Beim letzten Treffen in Rudolfs Wohnung in der Hofburg hinterließ sie in der Aschenschale eine Aufschrift: «Lieber Revolver, nicht Gift». Die beiden waren sich also über ihren Tod einig.

Im kleinen Jagdhaus in Mayerling schoss Rudolf seiner bereitwilligen jungen Geliebten in den Kopf. Einige Stunden verbrachte er zögernd neben der Leiche. Im Morgengrauen tötete er sich mit Hilfe eines Spiegels mit einem angelegten Kopfschuss, wobei seine Hirnschale zersprang. Rudolfs Kammerdiener Josef Loschek brachte Marys blutüberströmte Leiche sofort in eine Abstellkammer, bedeckte sie mit alten Kleidern und versiegelte die Tür. Die Existenz einer zweiten Leiche musste unbedingt verheimlicht werden.

Um zwei Uhr morgens am 31. Januar wurde der tote Rudolf in die Hofburg gebracht. Sein Leibarzt modellierte den zersprengten Kopf mit Wachs und brachte dann einen festen Kopfverband an. Nach zahlreichen unrichtigen Todesversionen gestand Kaiser Franz Joseph öffentlich den Selbstmord seines Sohnes ein. Um die Beisetzung in der Kapuzinergruft zu ermöglichen, konstatierten die Ärzte eine Geistesverwirrung Rudolfs im Augenblick der Tat.

Die tote Mary, das wahre Geheimnis von Mayerling, wurde am 1. Februar, von einem Polizeikordon abgeschirmt, als «Selbstmörderin» in einem rasch gezimmerten Sarg auf dem kleinen Friedhof von Heiligenkreuz begraben. Die Gerüchteküche brodelte. Als Münchner Zeitungen von einer weiblichen Leiche in Mayerling berichteten, wurden sie in Österreich sofort verboten.

Die bis heute anhaltenden Diskussionen über Rudolfs Tod sind vor allem auf die Vertuschungsversuche des Hofes zurückzuführen. Monarchisten wehren sich noch heute gegen die Tatsache von Mord und Selbstmord und fantasieren weiter: so sollen die Ungarn, die Juden, die Freimaurer, ja sogar Bismarck oder Clemenceau einen oder mehrere Mörder nach Mayerling geschickt und Rudolf ermordet haben. Mary wird nicht erwähnt, als hätte es sie nie gegeben.

Die große Hoffnung all jener, die vom weltoffenen künftigen Kaiser Rudolf ein modernes, liberales, bürgerfreundliches Habsburgerreich in Zusammenarbeit mit den Westmächten Frankreich und England erwartet hatten, starb mit ihm. Aber selbst bei seinen besten Freunden blieb tiefe Enttäuschung zurück. Die Bluttat verdüstert die

Erinnerung an den so volksnahen, begabten und unglücklichen Kronprinzen bis heute.

Rudolfs Tod war in Elisabeths Leben eine so tiefe Zäsur, dass sie nun all ihren Ehrgeiz aufgab. Sie verbrachte ihre letzten Jahre als mater dolorosa, nur noch in Schwarz gekleidet, fern vom verhassten Wiener Hof. Als das Achilleion auf Korfu nach jahrelanger Bauzeit und unter riesigen Kosten endlich fertig war, ließ sie alle Möbel wieder entfernen. Ihre Griechenlandmanie war zu Ende. Das Prachtschloss stand leer und wurde erst nach ihrem Tod ausgerechnet an Kaiser Wilhelm II. verkauft.

Um ihren einsamen Ehemann zu beruhigen, unterstützte Elisabeth dessen Beziehung zur Burgschauspielerin Katharina Schratt und machte sie auch zu ihrer offiziellen Freundin.

Als menschenscheue, große, hagere Frau, stets schwarz gekleidet, das faltige Gesicht hinter Fächern, Schleiern und Schirmen versteckt, irrte die Kaiserin von Österreich unter dem Pseudonym einer Gräfin Hohenembs hektisch durch Europa, meist nur in Begleitung einer vertrauten Hofdame. Weiterhin litt sie an Magersucht und Depressionen. Sie experimentierte mit der neuen Modedroge Kokain – wie auch Sigmund Freud und viele andere – und spielte mit Selbstmordgedanken. Während Franz Joseph von seinen Untertanen bedauert wurde, war seine «Engels-Sisi» den Menschen längst fremd geworden. In Österreich – nicht aber in Ungarn – war sie fast vergessen.

Der italienische Anarchist Luigi Lucheni, der die 60jährige Kaiserin am 10. September 1898 in Genf als Repräsentantin des ihm verhassten monarchischen Prinzips mit einer Feile erstach, traf eine lebensmüde, körperlich und seelisch kranke Frau, die den Tod herbeisehnte. Der Attentäter stieß so exakt in ihr Herz, dass sie kaum Schmerzen hatte und rasch starb.

In Ungarn wird Königin Elisabeth noch heute sehr verehrt. Die Budapester Erszébet-hid, um 1900 als damals längste Hängebrücke der Welt gebaut, behielt ihren Namen sogar während des kommunistischen Regimes. Und die große sitzende Elisabeth-Statue am Fuß der Brücke ist auch heute noch ständig von frischen Blumenspenden verziert.

Erst durch die Sissi-Filme der 50er-Jahre lebte der Mythos der jungen schönen Kaiserin Elisabeth auf. Ihre hohe Intelligenz und Lernbereitschaft, ihre verzweifelte Suche nach einem eigenen Weg, aber auch ihr Scheitern in Melancholie und Einsamkeit – das alles fand aber erst seit den 80er-Jahren Interesse. Inzwischen ist Elisabeth mit ihren Problemen zu einer sehr heutigen Frau geworden.

Ihr gedichtetes Tagebuch, worin sie mit höfischem Stolz abrechnet und ihre habsburgischen Verwandten mit Spott übergießt, hielt sie vor ihren Zeitgenossen geheim. Die Manuskripte hinterlegte sie als ihr literarisches Vermächtnis zunächst bei einem Freund, der es nach 60jähriger Frist dem Schweizer Bundespräsidenten übergeben sollte mit der Bitte, es in Druck zu geben. Erst 1981 hatte ich die Freude, nach jahrelangem Suchen die handschriftlichen Gedichte Elisabeths im Original in Bern zu finden. 1984 wurden sie in Wien gedruckt.

Um der Kaiserin Elisabeth einen späten Ruhm als Dichterin zu verschaffen, sind ihre Gedichte nicht gut genug. Aber sie eignen sich, diese schwierige, hoch intelligente, sensible und unglückliche Frau des 19. Jahrhunderts besser zu verstehen – und indirekt auch ihren so begabten Sohn Rudolf.

10

JUDEN IN WIEN: HERZL UND LUEGER

1867 erhielten die Juden der Habsburgermonarchie endlich die bürgerliche Gleichberechtigung. Nach Jahrhunderten sehr eingeschränkter Freiheit durften sie nun ihren Wohnort frei wählen, Grundbesitz erwerben, ihre Kinder auf die Universität schicken, christliche Dienstboten halten. Sie waren nicht mehr dem Zunftzwang unterworfen und von Diskriminierungen wie dem Judeneid und Judensteuern befreit. Sie durften Staatsbeamte werden und genossen all die großen und kleinen Freiheiten, deren Vorenthalt sie bisher zu Menschen zweiter Klasse gemacht hatten. Von nun an galt der Leitsatz des Liberalismus auch für sie: Freie Bahn dem Tüchtigen.

Die Folge der Emanzipation war eine Welle des Patriotismus der nun gleichberechtigten Juden. Durch Arbeit und Bildung versuchten sie die alten Unterschiede und Demütigungen rasch zu überwinden und sich einen geachteten Platz in der Gesellschaft zu erarbeiten. Politisch standen sie meist im liberalen Lager, hatten aber auch Vertreter bei den Deutschnationalen. Kapitalkräftige jüdische Familien, die ab 1867 nach Wien zogen, machten es sich zur Ehre, für ein Ringstraßen-Grundstück weit überhöhte Preise zu zahlen, um so ihren Patriotismus und ihre Kaisertreue zu beweisen. Franz Joseph, der mit dem eingenommenen Kapital staatliche Bauten an der Ringstraße finanzierte, bedankte sich mit Orden und der Aufnahme der Wohltäter in den Kleinadel. Viele der sogenannten «Ringstraßenbarone» ließen sich taufen und verheirateten ihre Töchter mit verarmten Aristokraten.

Die reichen Wiener Juden, angeführt von den Rothschilds, waren für alle Formen der Wohltätigkeit ansprechbar. Sie gründeten und sponserten Waisen-, Kranken- und Blindenhäuser, gaben armen Studenten großzügige Stipendien und richteten Armenküchen ein. Sie unterstützten Kunst und Wissenschaft und waren großzügige Gastgeber. Erste jüdische Erfolgsgeschichten auf wirtschaftlichem Gebiet beruhten vor allem auf einer konsequenten Modernisierung. Die Rückstände gegenüber Westeuropa wurden nun aufgeholt. Bald übernahmen Juden wichtige Funktionen in der Wirtschaft.

Die Emanzipation löste vor allem auch eine wahre Bildungsexplosion aus. In höheren Schulen waren Juden bald weit über ihrem Bevölkerungsanteil vertreten – und dann auch an den Universitäten. Ihre beliebtesten Studienfächer waren Medizin (1913 waren in Wien 40 Prozent der Medizinstudenten Glaubensjuden) und Jus (mehr als 25 Prozent) als Vorbereitung für die freien Berufe der Ärzte und Rechtsanwälte. Da im katholischen, bürgerlichen und konservativen Wien so viel Modernität nicht üblich war, hatten tüchtige Juden wenig Konkurrenz auf ihrem Weg nach oben.

Während orthodoxe Juden eine höhere Ausbildung der Mädchen mieden, gaben assimilierte Familien auch ihren Töchtern eine gute Ausbildung, was bisher in Wien nicht üblich war. Seit 1867 stieg mit der raschen Assimilierung auch die Zahl jüdisch-christlicher Mischehen stark an. Kurz vor dem ersten Weltkrieg war in Wien bereits jede fünfte Ehe eines Juden eine Mischehe. Aber das Hochgefühl, endlich als gleichberechtigte Bürger leben zu können, dauerte nur sechs Jahre: von 1867 bis 1873. Durch überhitzte Spekulationen löste die wenig erfolgreiche Wiener Weltausstellung einen Börsenkrach aus. Über Nacht wurden Riesenvermögen vernichtet. Eine schwere wirtschaftliche Depression folgte, woraufhin der Antisemitismus erneut ausbrach – zunächst gegen die «Börsejuden» und die «Geldjuden».

1881 wurde in Russland Zar Alexander II. ermordet, worauf dort Massaker an wahllos aufgegriffenen Juden folgten. In Todesangst flohen Hunderttausende Juden über die Grenzen nach Wien, Lemberg, Krakau, Prag und Budapest. Von 1881 bis 1918 machten sich rund zwei Millionen Ostjuden auf den Weg nach Westen.

Zigtausende arme, orthodoxe und jiddischsprachige Ostjuden in der traditionellen Tracht mit Kaftan und Paikeles siedelten sich in Wien an, meist in der Leopoldstadt, wo sie sich sicher fühlten und auf den kaiserlichen Schutz vertrauten. Die Jüdische Gemeinde bemühte sich, die Ostjuden rasch zu assimilieren, gab den «Kaftanjuden» unauffällige Kleidung und organisierte deutsche Sprachkurse. Die Zahlen der jüdischen Einwanderung:

1860 lebten in Wien 6200 Juden;

1870, drei Jahre nach der Emanzipation, mehr als 40 000;

1880 bereits 72 600;

1890 fast 120 000.

Unter ihnen waren Theodor Herzl und Felix Salten aus Ungarn, Gustav Mahler und Sigmund Freud aus Mähren, Leopold von Sacher-Masoch aus Lemberg und Joseph Roth aus Brody in Galizien.

1910 wohnten in Wien rund 175 000 Glaubensjuden, die fast acht Prozent der Wiener ausmachten. Nicht inbegriffen sind die, die ihr Judentum hinter sich gelassen hatten und jene, die mit Christen verheiratet oder selbst Christen geworden waren. Immerhin war Wien die Stadt mit den meisten Juden in Westeuropa. Kaiser Franz Joseph stand unbeirrt an der Seite seiner jüdischen Untertanen und schützte sie. Und die Juden verehrten ihren Kaiser sehr.

Aber ob sie wollten oder nicht: Nicht nur die Ostjuden, sondern auch die deutschbewussten, nicht religiösen, ja längst getauften Juden wurden immer gewaltsamer auf ihre «Rasse» verwiesen.

Joseph Roth schrieb in seinem Buch «Juden auf Wanderschaft»: «Der moderne Zionismus entstand in Österreich, in Wien. Ein österreichischer Journalist hat ihn begründet. Kein anderer hätte ihn begründen können.» Er meinte Theodor Herzl, der 1896 in seinem Buch «Der Judenstaat» den Traum einer stolzen, freien jüdischen Nation im Land der Väter – Palästina – entwickelte.

Herzls Weg zu dieser Idee war langwierig und verworren. Er begann als deutschbewusster, kaum religiöser Intellektueller vom Typ des Dandy und endete als anerkannter Führer der Ostjuden, die er aus der «Judennot» zu neuem Selbstbewusstsein führen wollte. Herzl strebte diesen Weg nicht an. Aber von Erfahrung zu Erfahrung, geradezu gegen seine Absicht, wurde er durch den immer bedrohlicher werdenden Antisemitismus auf diesen Weg gewiesen. Mit 17 war Herzl mit seiner Familie von Budapest nach Wien gekommen. Er studierte hier Jus, fühlte sich aber zum Literaten berufen. Mit 21 trat er in die deutschnationale schlagende Burschenschaft «Albia» ein, nahm, wie er später schrieb, «an allen Studententorheiten» teil, trank gerne Bier, verkehrte in den Wiener Literatencafés und war ein begeisterter Wiener und «Deutscher». Zwei Jahre später aber verließ er die Albia wegen des hier rasch zunehmenden Antisemitismus. Bald darauf wurde er Korrespondent der «Neuen Freien Presse» in Paris.

Bei einer Debatte über eine drohende Choleraepidemie kam es 1892 im niederösterreichischen Landtag zu wilden Szenen. Ein Christlichsozialer hatte gegen den Einsatz jüdischer Spitalsärzte protestiert und erklärt, die Bevölkerung befürchte, «daß die jüdischen Ärzte es darauf anlegen, die christliche Bevölkerung in die Cholera-spitäler zu schicken, damit dort recht viele sterben». Die Ostjuden seien die Ursache für Krankheiten und Seuchen. Sogar für die russischen Pogrome, die viele Juden das Leben kosteten, zeigte der Mann Verständnis: «In Rußland hatten sich die Juden in einer Weise vermehrt, daß sie tatsächlich von der Bevölkerung nicht mehr gefüttert werden können.» Es herrsche dort solche Erbitterung, «daß die Bevölkerung in kurzer Zeit ein Plebiszit verlangen wird, alle russischen Juden ins Schwarze Meer hineinzuwerfen». Russland entledigte sich seiner Juden.

Der empörte Herzl meinte, die Judenfrage mit einer Massentaufe zu lösen: «Ich wollte mir Zutritt zum Papst verschaffen … und ihm sagen: Helfen Sie uns gegen die Antisemiten und ich leite eine große Bewegung des freien und anständigen Übertritts der Juden zum

Christentum ein.» Die Anständigkeit bestand für ihn darin, daß die Führer der Bewegung, vor allem Herzl, Juden blieben und das «Volk» zur Taufe nur bis zur Kirchenschwelle geleiten sollten. So würden sie die Ehre der Juden retten, aber durch die Taufe die Massen vor dem Antisemitismus bewahren – Träume eines Theaterdichters: «Am hellichten Tage, an Sonntagen um zwölf Uhr, sollte in feierlichen Aufzügen unter Glockengeläute der Übertritt stattfinden in der Stephanskirche. Nicht verschämt, wie es Einzelne bisher getan, sondern mit stolzen Gebärden.»

Mittlerweile sah sich Herzl bereits als eine Art Führer der Juden. Aber er hatte immer noch keinerlei Kontakt zu jenen Massen, als deren Führer er sich sah. Und die Juden wussten nicht, dass es da jemanden gab, der sich als ihr Führer verstand und sie retten wollte.

In dieser Zeit eskalierte in Frankreich der Dreyfus-Prozess. Herzl berichtete darüber in der «Neuen Freien Presse» und zitierte den Ausspruch des Hauptmanns Dreyfus: «Man verfolgt mich, weil ich Jude bin.» Worauf die Menge schrie: «Tod dem Verräter» und «Tod den Juden!» Auch Georges Clemenceau und Emile Zola setzten sich kräftig für den ungerecht verfolgten Dreyfus ein.

Auf der Suche nach einem Weg aus der «Judennot» wandte sich Herzl in Paris auch an den jüdischen Mäzen Baron Moritz Hirsch. Dieser hatte große Landstriche in Argentinien aufgekauft, um dort Ostjuden als Landwirte anzusiedeln. Herzl aber warnte Hirsch, die Juden mit zu großer Wohltätigkeit zu Schnorrern zu machen: «Was ein solcher Exportjude Sie kostet, ist er nicht wert. Und wie viel Exemplare können Sie überhaupt hinübersetzen? Fünfzehn-zwanzigtausend! … In einer Gasse der Leopoldstadt in Wien wohnen mehr.» Herzl wollte die Juden ja zu «stolzen, freien Menschen» erziehen: «Man muß sie kriegsstark, arbeitsfroh und tugendhaft machen.»

Das Treffen mit Hirsch machte Herzl klar: «Niemand ist stark oder reich genug, um ein Volk von einem Wohnort nach einem anderen zu versetzen. Das vermag nur eine Idee. Die Staatsidee hat wohl eine solche Gewalt … Nun handelt es sich darum, zu zeigen, daß aus dem Traum ein taghеller Gedanke werden kann.» Und er begann mit der Niederschrift von «Der Judenstaat»: «Ich schrieb gehend, stehend, liegend, auf der Gasse, bei Tisch, bei Nacht, wenn es mich aus dem Schlaf aufjagte.» Parallel dazu führte er sein «Zionistisches Tagebuch» und verzeichnete darin seine Überlegungen, verworfenen Pläne und Irrwege, aber auch die aktuellen Probleme der Juden in der Welt.

Herzls großes Ziel war, einerseits den Ostjuden eine Heimat zu geben, andererseits aber dadurch den Zuwandererstrom nach Westeuropa abzuschwächen. Die reichen Westjuden sollten für die jüdischen Siedler den Landkauf im damals noch türkischen Palästina finanzieren. Herzls Leben änderte sich nun radikal: «Ich glaube, für mich hat das Leben aufgehört und die Weltgeschichte begonnen.» Hirschs Bedenken, Herzl sei zu jung, um Führer der Juden zu sein, zerstreute dieser selbstbewusst: «Mit meinen 35 Jahren ist man in Frankreich Minister, und Napoleon war Kaiser.»

Herzls Buch «Der Judenstaat» erschien 1896 in einer Auflage von 3000 Stück und machte aus dem Journalisten einen Organisator und Politiker im Dienst der Juden. Er schrieb in der Sache des Judenstaates Hunderte Briefe, informierte sich sorgsam über die Lage bedrohter Judengemeinden, reiste durch Europa, verhandelte mit Geldgebern und Politikern, inklusive Kaiser Wilhelm II. und dem Sultan. Und er gründete eine eigene Zeitung: «Die Welt».

Der Chefredakteur der «Neuen Freien Presse» unterstützte seinen Redakteur nicht, sondern verbot ihm sogar, den Zionismus in der Zeitung zu erwähnen. Auch Herzls Frau Julie stand dem Zionismus verständnislos gegenüber. Sie wollte gesellschaftlich glänzen, einen berühmten Theaterdichter zum Mann haben. Und nun kämpfte dieser für einen Staat, den es gar nicht gab – und für die «Betteljuden». Die Ehe wurde zur Katastrophe, was Herzl in tiefe Depressionen stürzte.

Aber die Idee war da. Und die Leute diskutierten. Der Traum von der jüdischen Nation in einem jüdischen Staat war im Einklang mit dem nationalen Zeitgeist des späten 19. Jahrhunderts. Der Ruf nach einer jüdischen Nation war ja auch der Ausdruck von Stolz und Ehre der Juden, wohlgemerkt im von Lueger antisemitisch regierten Wien. Die assimilierten Wiener Juden aber fühlten sich nicht als Angehörige einer fremden Nation, schon gar nicht einer fremden Rasse. Sie liebten Wien als ihre Heimat. Sollten sie nun ihre mühsam erarbeitete Existenz aufgeben und als Bauern nach Palästina ziehen? Erbittert wiesen sie darauf hin, dass die Zionisten dasselbe wollten wie die Antisemiten: ein «judenfreies» Europa. Tatsächlich beobachtete so mancher Judenhasser mit Wohlgefallen, wie der Zionismus die Auswanderung der Juden propagierte.

1897 berief Herzl rund zweihundert Delegierte aus vielen Ländern zum Ersten Zionistenkongress nach Basel. Kongresssprache war Deutsch in Rücksicht auf die jiddischsprachigen Ostjuden, die am ehesten Deutsch verstanden. Die Botschaft vom künftigen Judenstaat löste Begeisterung und Hoffnung aus. Herzl: «In Basel habe ich den Judenstaat gegründet. Wenn ich das heute laut sagte, würde mir ein universelles Gelächter antworten. Vielleicht in fünf Jahren, jedenfalls in fünfzig wird es Jeder einsehen.»

Fünfzig Jahre später wurde Herzls Traum Realität: 1948 entstand in Palästina der «Judenstaat» als Zuflucht für Juden aus aller Welt. Vorausgegangen war allerdings die über alles Maß eskalierte «Judennot» im Holocaust, ausgerechnet im von Herzl so verehrten Deutschland.

Mit den großen Einwandererwellen um 1900 hielt sogar die rasche bauliche Entwicklung der Hauptstadt nicht mehr Schritt. Nach Wien kamen ja nicht nur Juden, sondern auch nicht-jüdische Tschechen, Polen, Ungarn, Slowaken und andere habsburgische Völker. Immigranten der ersten und zweiten Generation stellten um 1910 bereits rund Zweidrittel der Wiener Bevölkerung. Wien war hoffnungslos überfüllt. Und die hohe Arbeitslosigkeit verursachte immer wieder Unruhen.

In ganz Europa herrschte ein glühender Nationalismus, der nun die alten multinationalen Staaten von innen bedrohte. Der Österreicher Georg Ritter von Schönerer hatte bereits 1882 im Linzer Programm seine Gesinnungsgenossen aufgefordert, «nicht liberal, nicht klerikal, sondern national» also deutschnational zu sein, eine Kampfansage an das Vielvölkerreich Österreich-Ungarn. Schönerers Ziel war «Alldeutschland», worin sich alle deutschen Stämme im Deutschen Reich vereinigen sollten, inklusive der deutschsprachigen Teile des Habsburgerreiches.

Zwischen 1880 und 1910 stieg die Einwohnerzahl Wiens durch Einwanderer und die Eingemeindung von 43 Vororten auf fast das Doppelte, nämlich rund zwei Millionen, viel mehr als Wien heute hat. Und tagtäglich kamen weitere, meist arme und nicht deutschsprachige k. u. k. Staatsbürger in die übervölkerte Metropole. Eine Modernisierung des Verkehrswesens, der Bau neuer Miethäuser, Schulen, Spitäler, der neuen Hochquellwasserleitung und ähnlicher Erfordernisse der prachtvollen Kaiserstadt war nötig. Mit der Zuwanderung notwendiger Arbeitskräfte, vor allem zahlreicher Tschechen, wuchsen aber die Nationalitätenprobleme.

Gemäß dem Zeitgeist des späten 19. Jahrhunderts wuchs der Nationalismus der elf Völker der Habsburgermonarchie gefährlich an: die Deutschen (vor allem die Schönerianer) wollten zum Deutschen Reich, die Italiener zu Italien, die Polen forderten endlich wieder einen eigenen Staat ebenso wie die Tschechen und so fort. Und deutsche Österreicher kämpften gegen Tschechen und umgekehrt, Ungarn gegen Slowaken, Slowenen gegen Italiener und so fort.

Während Ungarn, das in seiner Reichshälfte eine national-magyarische Politik betrieb, nichtungarische Bürger als zweitrangig behandelte, blieb der von Wien aus regierte westliche Teil des Reiches, also Cisleithanien, ein strikt übernationaler Staat mit elf gleichberechtigten Völkern: Deutsche, Polen, Tschechen, Ungarn, Slowaken, Ruthenen, Italiener, Rumänen, Serben und Slowenen.

Kaiser Franz Joseph war alt und müde. Es herrschte die Politik des «Fortwurstelns». Soziale Not, Arbeitslosigkeit, Teuerung, Wohnungsnot, mangelnde soziale Absicherung und vor allem ein rasch ansteigender aggressiver Nationalismus hetzte die Völker der Monarchie heftig aufeinander. Das cisleithanische Parlament legte sich in Streitereien der untereinander verfeindeten nationalen Gruppen selbst lahm und brachte kaum noch Gesetze durch.

Wie in keiner anderen Stadt der Monarchie waren in Wien alle habsburgischen Nationalitäten vertreten. Rund ein Drittel der Wiener stammte aus dem nahen Böhmen und Mähren. Dazu kamen Polen aus Galizien, Italiener, Ungarn, Kroaten und Angehörige anderer Nationalitäten.

Die Wiener Bevölkerung, die sich über Jahrhunderte durchwegs friedlich mit den anderen Völkern der Monarchie arrangiert hatte, wurde nun im Zeitalter des Nationalismus immer aggressiver gegen die nichtdeutschen Nationen der Habsburgermonarchie – und auch gegen die Juden. Vor allem die orthodoxen Glaubensjuden waren sehr unbeliebt, da sie sich angeblich den Wienern nicht genügend anpassten. Die Wiener Kunst der Moderne, in gegenseitiger Befruchtung von Juden wie Christen entwickelt, wurde nun als «jüdische» Kunst diffamiert und als unmoralisch, pornographisch und sittenwidrig.

In dieser Situation wurde 1895 der Rechtsanwalt Dr. Karl Lueger, der Führer und Einiger der zersplitterten Christlichsozialen Partei, zum Bürgermeister von Wien gewählt. Aber Kaiser Franz Joseph, der die Gleichberechtigung der Bürger unter Lueger nicht gewährleistet sah, verweigerte ihm drei Mal die nötige Amtsbestätigung. Dank kräftiger Unterstützung der katholischen Kirche siegte Lueger 1897 dann doch. Und der Kaiser resignierte.

Theodor Herzl sorgte sich als Jude nach dem Triumph des neuen Bürgermeisters: «Alle fielen den Antisemiten zu. Die Stimmung ist eine verzweifelte unter den Juden. Die Christen sind schwer verhetzt.» Er erwog sogar, die antisemitischen Haupthetzer,

Lueger und den Prinzen Alois Liechtenstein, zum Duell zu zwingen, um die verletzte «Judenehre» wieder herzustellen. Dann verwarf er den Plan.

Lueger stellte einen neuen Politikertyp dar: den Volkstribun. Seine ersten Erfolge hatte er, als er zu «kleinen Leuten» in die Gasthäuser, Bierhallen und auf Marktplätze ging. Er erspürte die Stimmung des Volkes, bot als Anwalt der Bedrückten seine Hilfe an – und hielt seine Versprechen. Als starker Führer baute er geschickt auf dem Wiener katholischen Antisemitismus auf und hatte nichts dagegen, dass die Pfarrer von den Kanzeln herab gegen die Juden hetzten. Mit seinen antisemitischen Parolen erkämpfte er sich immer mehr Anhänger, dabei unterstützt von Priestern, Mönchen und dem «Männerapostel» Pater Heinrich Abel. Dieser wetterte von der Kanzel herab gegen Juden und Ungläubige, peitschte den Antisemitismus auf und tat alles, um den Juden die gesetzlich verankerte Gleichberechtigung wieder zu entziehen. Als berühmter Männerprediger sah er es außerdem als sinnlos an, für Frauen zu predigen. Denn diese betrachtete er als mindere Geschöpfe.

Als Bürgermeister wurde Lueger von seinen Anhängern, vor allem der Kirche, unterstützt und umschwärmt. Wien befand sich um 1900 in einer schwierigen Phase der Neuordnung. Die rasch wachsende Großstadt brauchte neue Strukturen und bekam sie von Lueger in großem Stil. Mit energischen Kommunalisierungen machte er die Gemeinde zu einem geradezu allmächtigen Wirtschaftsfaktor: Er nahm die Gas-, Wasser- und Elektrizitätswerke, die meist noch in ausländischer Hand waren, wie den Schlachthof in städtischen Besitz, dann die neuen Gemeindesparkassen, das Brauhaus und – als Maßnahme gegen die überteuerten Begräbnisse – auch das Bestattungswesen. Er ließ in Lainz die modernste Kranken- und Pflegeanstalt Europas bauen, Parks und Grünzonen anlegen, auch die heute noch bestehende idyllische Badeanstalt Gänsehäufel und manches andere. Die alten Pferdebahnen wurden durch elektrische Straßenbahnen abgelöst und zwar mit dem größten Streckennetz Europas.

Die von Otto Wagner konzipierte Stadtbahn mit ihren kunstvollen Stationshäuschen, die noch heute zu bewundern sind, wurde gebaut. Kurz: Lueger gab den Wienern das Gefühl, dass er sich um alles, auch um geringste Probleme kümmerte nach seinem Wahlspruch: «Dem kleinen Mann muß geholfen werden».

Luegers Reklame- und Redetalent war bodenständig und einzigartig. So scherzte er zum Jubel seiner Anhänger, er wolle am liebsten «jedem Bürger, der die Nacht durchdraht hat, einen Fiaker zur Verfügung stellen». Seine Reden hielt er häufig im Wiener Dialekt, stellte sich auf das intellektuelle Niveau seiner Zuhörer ein, machte alles Schwierige einfach und wetterte heftig gegen die Feinde der «kleinen Leute». Er verstärkte die Antipathien gegen «die Reichen da oben», «den Pöbel da unten» (womit er die Sozialdemokraten meinte), die «Ungläubigen» und die «Fremden, die uns die Frauen, Wohnungen, Arbeit usw. abnehmen». Er appellierte an Gefühle und Instinkte und eben nicht an Vernunft und kritischen Verstand.

Lueger erwarb sich seine Volkstümlichkeit zweifellos durch hervorragende Leistungen für seine Anhänger. Er war eine starke Führungspersönlichkeit mit Charisma, ein Politiker, der sein Ohr beim «Volk» hatte, sich für seine Wähler einsetzte und das Wohl der Bürger kräftig förderte. Sein Ruhm strahlte aber auch deshalb so hell, weil das Umfeld so düster war. Denn der Kaiser war alt und müde und verließ sich auf den Rat wechselnder Vertrauenspersonen. Und die Nachbarn lagen auf der Lauer, bald die eine oder andere Provinz zu erobern: Italien wünschte sich die Angliederung Triests. Laibach wollte slowenisch werden und Prag tschechisch. Und alle wehrten sich gegen die jeweiligen sprachlichen und kulturellen Minderheiten. Immer deutlicher zeigte sich, dass der Nationalismus für das multinationale Habsburgerreich eine gefährliche Kraft war.

Das zerbröckelnde Großreich hatte nur eine Bastion klarer, erfolgreicher Politik: Die Stadt Wien in Luegers Amtszeit von 1897 bis 1910. Kraft seiner Machtfülle und seiner zahlreichen Anhänger herrschte Lueger fast unumschränkt. Denn die christlichsoziale Partei wurde umso stärker, je mehr Anstellungen bei der Gemeinde Wien sie ihren Mitgliedern geben konnte, von Wohnungen und anderen Begünstigungen gar nicht zu reden. Das «Parteibüchel» wurde in der Stadt der Arbeits- und Obdachlosen zum Rettungsanker. Hugo von Hofmannsthal prägte in dieser Zeit das Wort: «Politik ist Magie. Welcher die Massen aufzurufen weiß, dem gehorchen sie.»

Die Opposition, vor allem die Sozialdemokraten, war von solchen Gütern ausgeschlossen. Als sich Lueger weigerte, endlich auch in Wien und Niederösterreich das allgemeine gleiche Wahlrecht einzuführen, nahm er den Sozialdemokraten jede Chance auf eine wirksame politische Opposition. Das alte Kurienwahlrecht wurde zwar 1897 erweitert, wonach nun alle Männer, die mehr als fünf Gulden Steuern zahlten, wahlberechtigt waren. Die Mehrheit der Sozialdemokraten fiel aber nicht darunter und war also nicht wahlberechtigt. So konnte Lueger leicht regieren, zumal ihm in der katholischen Kirche mit ihren zahlreichen Organisationen von Mütter-, Männer- und Jugendvereinen und Pfarrern ein Heer hochaktiver Helfer zur Seite stand. In dieser Zeit wurde die tiefe Kluft zwischen den beiden großen politischen Parteien aufgerissen und wuchs jahrzehntelang nicht mehr zusammen – zum Schaden Österreichs.

Ängste gab es genug. Die Wiener fühlten sich durch die vielen Einwanderer aus den Kronländern bedroht, vom Staat nicht geschützt – um so mehr, je stärker Arbeitslosigkeit und Teuerung stiegen. Lueger half ihnen mit zwei Strategien: einerseits einer rigorosen Germanisierung der nichtdeutschen, aber christlichen Einwanderer, vor allem der Tschechen, mit dem Spruch: «Wien muß deutsch bleiben!»

Andererseits schweißte er seine Wiener – Einheimische wie eingedeutschte Einwanderer – dadurch zusammen, dass er eine Minderheit von acht bis zehn Prozent der Wiener ausgrenzte und angriff: nämlich die Juden mit dem Spruch: «Groß-Wien darf nicht Groß-Jerusalem werden». Er predigte den alten, seit Jahrhunderten eingewurzelten katholischen Antisemitismus gegen das «Gottesmördervolk» ebenso wie den Hass auf «Geld- und Börsejuden», «Pressejuden», die Intellektuellen als «Tintenjuden», die Sozialdemokratie als «Judenschutztruppe», die Ostjuden als «Betteljuden», die angeblich jüdische moderne Kunst und die «jüdische» Frauenemanzipation – und die in Wien verhassten Ungarn als «Judäomagyaren».

Zum Jubel seiner Anhänger stellte er die Forderung auf, die 1867 gesetzlich garantierte Gleichberechtigung der Juden wieder rückgängig zu machen, die «Judengüter» zu konfiszieren und die Juden aus Wien auszuweisen, um die Christen zu schützen. Und er rief seine Parteifreunde keineswegs zur Ordnung, wenn sie in übelster Weise gegen Juden loslegten. Dass Lueger privat einige jüdische Freunde hatte nach seinem Motto: «Wer a Jud ist, bestimm i!», hat angesichts der verheerenden Wirkung seiner Hetzreden politisch keine Bedeutung.

Lueger beeinflusste sehr viele Wiener für ihr Leben, darunter auch den jungen Adolf Hitler. Dieser war zwar kein Anhänger der Christlichsozialen, aber er verehrte Lueger als charismatischen Politiker und Redner, der sein Ohr am Volk hatte, sich für seine Wähler einsetzte und das Wohl der Stadt kräftig förderte. Von Lueger lernte der aus Linz nach Wien eingewanderte arbeitslose junge Mann die Praxis eines erfolgreichen populistischen Redners.

Hitler, der zweimal bei der Aufnahmeprüfung an der Wiener Akademie der Künste durchgefallen war, musste in Wien ausharren, weil er erst mit 24 Jahren, also 1913, das Erbe seines Vaters in bar ausbezahlt bekam. Bis dahin hatte er große Angst, im verhassten multinationalen Habsburgerstaat zum Wehrdienst einberufen zu werden, was aber nicht geschah. 1913 verließ er mit dem väterlichen Geld das «Rassenbabylon» Wien und zog nach München, in eine «deutsche Stadt». Die Basis für sein späteres politisches und weltanschauliches Weltbild hatte er in Wien gelegt. Noch 1942 schwärmte Hitler im Führerhauptquartier über den «genialsten Bürgermeister, der je bei uns gelebt hat». Und: «Wenn Lueger ein Fest gab im Rathaus, so war das ganz großartig; er war ein souveräner König.

Ich habe ihn niemals in Wien fahren sehen, ohne dass alles Volk auf der Straße stehen blieb, um ihn zu grüßen.»

Lueger war bis zu seinem Tod 1910 Bürgermeister von Wien, der damals sechstgrößten Stadt der Welt. Er wusste nichts von dem jungen Mann im Männerheim, der ihn und seine Methoden studierte und später nachahmte. Mit Hitlers späterer Brutalität hatte Lueger nichts zu schaffen. Trotz all seiner Erfolge aber steht auch er im Zwielicht der Geschichte.

II

DIE WIENER MODERNE

Die kaiserliche Residenzstadt Wien war um 1900 ein Ort nationaler, politischer und sozialer Spannungen, aber auch der Ort, wo sich die verschiedenen nationalen und religiösen Traditionen und Kulturen des Vielvölkerreiches mischten, gegenseitig beeinflussten und heftig bekämpften. In dieser Endphase des Habsburgerreiches gab es eine einzigartige künstlerische und intellektuelle Blüte mit Wien als Mittelpunkt.

Diese Moderne entwickelte sich nicht im Einklang mit dem gesellschaftlichen Umfeld, sondern als deren Opposition und in provokativer Absicht. Exponenten waren in der Malerei die «jungen Wilden» des Expressionismus rund um Egon Schiele, Oskar Kokoschka und Gustav Klimt, in der Architektur Otto Wagner und Adolf Loos, die sich gegen den Prunk der Ringstraße auflehnten und klare Fronten konzipierten; bei den Schriftstellern vor allem Arthur Schnitzler, Peter Altenberg, Karl Kraus; in der Musik Gustav Mahler, später Alban Berg und Arnold Schönberg; in der Wissenschaft der Mediziner Theodor Billroth und der damals nur Insidern bekannte Psychiater Sigmund Freud, dessen reiche Patientinnen ihm tagtäglich ihre Probleme und damit auch den Zeitgeist in die Praxis brachten.

Der junge Philosoph Otto Weininger verwirrte mit seiner berühmt gewordenen Dissertation «Geschlecht und Charakter» Generationen intellektueller Männer bis zu Karl Kraus and Elias Canetti. Das Buch ist eine Art Typologie: Männer werden mit Ariern gleichgestellt und auf der anderen Seite Frauen mit Juden. Das männliche und sogenannte «arische» Prinzip repräsentiert den Intellekt und die kreative Kraft. Das weibliche and jüdische Prinzip dagegen steht für «blinden Instinkt, Laster, Sexualität und Unmoral». Die Frau wie der Jude hatten laut Weininger ein einziges Ziel: den Mann und dessen kreative Kraft zu zerstören und damit auch den Arier. Weiningers abwegige These der mächtigen, aggressiven, unwiderstehlichen, männermordenden Frau, die den Mann auch intellektuell kastriert, inspirierte die Wiener Moderne und machte die Sexualität zum dominierenden Thema der Kunst.

Tatsächlich ist die Wiener Moderne um 1900 ohne Weininger kaum zu verstehen. Seine These, dass der Mann das schöpferische und vernunftbegabte, die Frau aber das nur sinnliche und unschöpferische Wesen sei, beeinflusste viele Künstler der Jahrhundertwende und zeigt nicht nur einen starken Antifeminismus, sondern auch eine geradezu krankhafte Angst vor dem Weiblichen. Laut Weininger sollte sich der Mann möglichst von der Frau fernhalten, um nicht in seiner Schöpferkraft gelähmt zu werden – und weil (das macht die Sache noch komplizierter) das Weibliche in ihm selbst den Mann immer wieder zur Sinnlichkeit zwinge. Als sich der jungfräuliche Weininger dann doch von Frauen angezogen fühlte, fürchtete er für seine kreative Kraft. Und der als Jude Geborene verzweifelte, da er sich seiner von ihm verachteten jüdischen Identität nicht entziehen konnte. In diesem Dilemma erschoss sich der 23jährige in Beethovens Sterbehaus.

Die modernen Künstler lösten in Wien viele Skandale aus. Arthur Schnitzlers Theaterstück «Der Reigen» wurde von der Zensur als Pornographie gesperrt. Im selben Jahr vollendete Richard Strauss seine Oper «Salome», basierend auf Oscar Wildes bekanntem Theaterstück, das die höfischen Zensoren jahrelang «aus religiösen und moralischen Gründen» verboten hatten. 1906 veröffentlichte der 26jährige Robert Musil seinen ersten Roman «Die Verwirrungen des Zöglings Törleß», worin er seine Jugenderlebnisse in k. u. k. Kadettenanstalten beschrieb: die psychische Entwicklung der Knaben, aber auch Gewalt und Homoerotik. Leopold von Sacher Masoch brachte seine erotischen Romane heraus, worin männliche Sklaven von starken Frauen im Pelz geschlagen werden («Venus im Pelz»), was den neuen Ausdruck «Masochismus» bildete. Klimt provozierte das Publikum mit seinen erotischen Bildern, und Egon Schiele wurde wegen pornographischer Darstellungen junger Mädchen verhaftet. Die Lulu in Anton Weberns Oper ist das attraktive weibliche Monster, das Männer tötet.

Und Felix Salten schrieb nicht nur die hübsche Tiergeschichte «Bambi», sondern auch – anonym – den pornographischen Bestseller «Josefine Mutzenbacher», verkleidet als Autobiographie einer Wiener Hure. Diese ist keineswegs arm, schwach, krank oder ein Opfer der Männer. Im Gegenteil: Sie ist die Domina, die Herrin, nur an einem Thema interessiert, nämlich Sex in endlosen Variationen mit unterwürfigen Männern. Als Repräsentanten der Wiener Moderne reduzierten Felix Salten wie Leopold von Sacher Masoch Frauen auf ihre Sexualität und fürchteten – und verlangten nach – aggressiver weiblicher Sinnlichkeit. So war der Hurenkult der Wiener Moderne einerseits für die bürgerliche Gesellschaft und die Kirche eine Provokation, andererseits aber auch eine Kritik an der Doppelmoral der Zeit. Die Künstler jedenfalls hatten großen Spaß und ließen sich zu immer weiteren Provokationen herausfordern.

All diese männlichen Phantasien hatten aber mit dem modernen Frauenbild um 1900 nichts zu tun. Auch die Frauenrechtlerinnen, die bewusst streng auftraten, wären peinlich berührt gewesen, mit einer Salome oder einer Kindfrau Peter Altenbergs in einem Atemzug genannt zu werden. Bald wurde die beginnende Frauenbewegung als «typisch jüdisch» abqualifiziert, da sie angeblich dem Wesen der deutschen Frau und Mutter widersprach. Zitat aus einer Wiener deutschnationalen Zeitung um 1900: Die emanzipierte Frau sei «ein Zwitter – antideutsch und voll des jüdischen Geistes». In Predigten und Zeitungsartikeln dieser Zeit wurde davor gewarnt, junge Mädchen durch intellektuelle Ausbildung dem Glauben abspenstig zu machen. So ist auch verständlich, dass kaum je ein katholisches Mädchen sich mit ihren Sorgen an Freud wandte. Denn es hätte nach einer solchen Konsultation als «verdorben» gegolten und kaum mehr einen guten Ehemann gefunden.

Angesichts dieses Umfeldes ist Freuds Position leichter zu erklären. Denn er kann weder den prüden Konservativen zugeordnet, noch als Teil der Wiener Moderne bezeichnet werden. Als Arzt stand er zwischen den beiden Extremen, ansonsten hätten ihn so moderne und selbstbewusste meist jüdische Patientinnen wie Margarete Stonborough (Schwester Ludwig Wittgensteins), Emma Eckstein, Anna von Lieben, Elise Gomperz, Josefine von Wertheimstein und viele andere nicht konsultiert. Sie waren nicht religiös, aber gut erzogen, wohlhabend, liberal und sozial engagiert. Vor allem diese Frauen waren auch die Auftraggeberinnen für die Häuser der Wiener Moderne, die Inneneinrichtungen der Wiener Werkstätte und die freizügigen Gemälde der provozierenden Künstler der Jahrhundertwende.

Bertha Pappenheim, bekannt als Fall «Anna O.», war eine typische Patientin Freuds: jung, reich, gebildet, unverheiratet, und sie engagierte sich für Wohltätigkeitsprojekte. Vor allem forderte sie Rechte für die ärmsten jüdischen Mädchen in Österreichisch-Polen ein, die kriminellen Sklavenhändlern in die Fänge gegangen waren. Da sie überzeugt war, dass Frauen ihre Rechte nur aufgrund einer guten Erziehung und Ausbildung durchsetzen konnten, reiste sie durch die östlichen Provinzen des Habsburgerreiches und organisierte dort Lernprogramme für Mädchen mit dem Ziel: sie davor zu bewahren, Prostituierte zu werden. Und sie hatte Erfolg.

Freuds größter Beitrag zum neuen Frauenbild war, dass er seine Patientinnen als selbstständige Menschen ansah und nicht als von Männern dirigierte schwache Geschöpfe. Er war unabhängig vom prüden Zeitgeist um 1900 wie vom wilden Leben der Wiener Künstler und bei der Behandlung seiner Patientinnen kreativ und phantasievoll.

»Bildung macht frei«: diesen liberalen Grundsatz griffen bereits um 1900 vor allem progressive jüdische Frauen auf. An der Wiener Universität stellten sie zum Beispiel 1906/07 im Fach Medizin 51,2 Prozent und 1908/09 sogar 68,3 Prozent der Studentinnen. Viele von ihnen schlossen sich der Frauenbewegung an, die daraufhin prompt als «jüdisch» diffamiert wurde.

In den meisten katholischen Familien dagegen war das Medizinstudium verpönt. Denn man war der Meinung, dass Studium wie Beruf die Mädchen sittlich verderben und einen künftigen Ehemann abschrecken würden. Dieses Studium, so die durch viele Zitate belegbare Mär, gefährde die Sittsamkeit und fördere die Unkeuschheit. Denn die Mädchen mussten ja beim Studium auch nackte Männer sehen, was kein katholischer Vater oder Ehemann akzeptiere.

Dass der Prozentsatz der jüdischen Studentinnen so hoch war, bedeutete ja nicht, dass christliche Mädchen dumm waren, sondern dass die Juden Bildung und Gelehrsamkeit auch für Frauen als wichtig betrachteten. Sie hinderten Mädchen nicht am Studium, sondern bestärkten sie, auch wenn sie noch so arm waren. Diese tüchtigen jungen Frauen engagierten sich neben dem Studium auch für Frauenrechte und speziell für das Frauenwahlrecht. Ohne diese tapferen Vorkämpferinnen für die Frauenemanzipation wären viele Errungenschaften nicht so rasch möglich gewesen.

Der bürgerliche Mann dieser Zeit dagegen wollte eine Frau, die schön, gehorsam und Dienerin der ganzen Familie war. Die meisten Mädchen aus gutem Hause wurden bereits im Alter von 16 bis höchstens 18 Jahren verheiratet und waren fortan ihrem Mann untertan. Intelligenz war hinderlich, denn die Frau musste ja zu ihrem Ehemann aufsehen – oder wenigstens so tun, als täte sie dies.

Jungen Männern dagegen, ob Juden oder Christen, waren nicht nur voreheliche sexuelle Erfahrungen erlaubt, sondern empfohlen. Denn sie sollten sich «die Hörner abstoßen». Masturbation aber wurde als für den Geist gefährlich betrachtet und deshalb verboten. Körperliche Beziehungen zu einem Mädchen ihrer gesellschaftlichen Klasse waren nicht erlaubt. Bei einer Umfrage nach ihrer ersten Koituspartnerin nannten 1912 nur vier Prozent der befragten jungen Mediziner ein Mädchen, das als Ehepartnerin in Frage kam. 17 Prozent der ersten Kontakte waren Dienstmädchen oder Kellnerinnen, die übrigen waren Prostituierte. Kein Wunder, dass die Syphilis sich ausbreitete. Die Furcht vor Ansteckung war immer präsent, und keine soziale Klasse war von dieser Seuche ausgenommen. Hans Makart, der «Malerfürst», starb an Syphilis wie Erzherzog Otto, der Vater des letzten Kaisers. Statistisch waren um 1900 rund zwei von zehn Männern infiziert, also jeder Fünfte.

12

DAS PARLAMENT UND EIN APPELL FÜR DEN FRIEDEN

Mit den ersten allgemeinen, gleichen und direkten Wahlen für Männer ab 24 Jahren – Frauen waren nicht zugelassen – endete 1907 in Cisleithanien die bisher dominierende Stellung der Deutschösterreicher. Denn die nun erstmals wahlberechtigten unteren sozialen Schichten waren mehrheitlich nicht deutsch. In dieser Zeit hatte die westliche Hälfte der Donaumonarchie 28,5 Millionen Einwohner, von denen nur knapp zehn Millionen deutschsprachig waren.

Die 516 gewählten Parlamentarier verteilten sich auf folgende Länder: 130 Böhmen, 106 Galizien, Lodomerien und Krakau, 64 Niederösterreich, 49 Mähren, 30 Steiermark, 25 Tirol, 22 Oberösterreich, 15 Ober- und Niederschlesien, 14 Bukowina, 12 Krain, 11 Dalmatien, 10 Kärnten, 7 Salzburg, 6 Istrien, 6 Görz und Gradiska, 4 Vorarlberg.

Nach Nationalitäten setzte sich das Parlament so zusammen: 233 Deutsche, 107 Tschechen, 82 Polen, 33 Ruthenen, 24 Slowenen, 19 Italiener, 13 Kroaten und 5 Rumänen. Die Slawen waren also gegenüber den Deutschen in der Mehrheit.

Laut Geschäftsordnung waren im Parlament zehn Sprachen zugelassen, da es ja in Cisleithanien – im Gegensatz zu Ungarn – keine Staatssprache gab. Dolmetscher aber gab es nicht. Wer kooperativ sein wollte, sprach deutsch. Wer die anderen ärgern oder reizen wollte, sprach tschechisch, polnisch, ruthenisch, serbisch, kroatisch, slowenisch, italienisch, rumänisch oder russisch – und das bis zu dreizehn Stunden lang. Denn es gab im Parlament keine Redebeschränkung. Alles, was nicht in Deutsch gesagt wurde, wurde nicht protokolliert. So sagten nicht deutschsprechende Abgeordnete oft stundenlang dieselben Gedichte auf und redeten allen möglichen Unfug, nur um die anderen am reden zu hindern.

Das konnte nicht gut gehen. Vor dem Parlament am Ring demonstrierten die Arbeitslosen und andere Bedürftige, da die Sozialgesetze immer wieder verschoben wurden. Und in der Zuschauergalerie des Parlamentes saß um 1909 häufig der 20jährige arbeitslose Adolf Hitler. Er schaute gebannt dem Geschrei der Abgeordneten, den Raufereien, dem Gebrüll, dem Kauderwelsch von zehn Sprachen und der Arbeitsunfähigkeit dieses Vielvölkerparlamentes zu und zog aus diesem Getümmel den Schluss, dass der Parlamentarismus wie die Demokratie ein Unding seien.

Zu dieser Zeit war noch nicht klar, dass eine komplizierte vielsprachige Gemeinschaft Regeln braucht, die auf der Achtung des jeweils anderen beruht. Und wenn zehn Sprachen zugelassen sind, dann muss es auch die entsprechenden Dolmetscher und Protokollanten geben, wie heute in Brüssel, auch wenn das viel kostet und mühsam ist.

An diesem Mangel an verbindlichen Regeln scheiterte dieses erste vielsprachige Parlament kläglich. Die Zeitzeugin Bertha von Suttner notierte erbost: «Pfeifen, Trommeln, Nebelhörner, gleichzeitiger Gesang von tschechischen, reichsdeutschen und österreichischen Hymnen, geschwungene Fäuste, abgerissene Rockkragen, gebissene Finger, wirklich, man muß schamrot werden … Es ist wirklich, als wollte der Parlamentarismus Selbstmord begehen! Warum ist man im Theater, im Hotelsaal, auf der Gasse, überall sicher gegen Katzenmusik und Raufereien, nur im ‹Hohen Hause› nicht, wo sie Gesetze machen, Gesetze für alle, nur für sich selber nicht?»

Dass es in den Parlamenten der Kronländer nicht besser zuging, berichtete der Sozialist Karl Renner 1913: «Ratlos stehen die Herrschenden Österreichs da. Sie haben ein Volksparlament, das dem mißregierten, vom Völkerhader zerrissenen Reich hätte innere Ordnung und äußere Macht bringen können, absichtlich ruiniert und beiseite geschoben. Nach sechsjähriger Obstruktion ist der böhmische Landtag schmählich zusammengebrochen. Der galizische Ausgleich, dem Abschluß nahe, ist von den Bischöfen und Krautjunkern zerrissen und damit das größte Kronland von neuem dem Hader preisgegeben worden. Die Landtage von Mähren, Steiermark, Tirol, Istrien, Görz und der Bukowina sind chronisch arbeitsunfähig, weil die nationalen Parteien hadern. Nur vier Landtage von siebzehn erledigen ihre Geschäfte. In Ungarn behauptet sich die magyarische Adelsherrschaft nur mit Säbel, Bajonett und Parlamentswache gegen das eigene Volk und die in Todfeindschaft verharrenden übrigen Nationen, die im Land die Mehrheit bilden. Die Kroaten stehen unter der Knute von Kommissären, Dalmatien ist in Gärung, Bosniens Landtag kann infolge des Widerstands der serbischen Landesbevölkerung nicht einberufen werden. Volle Anarchie im Innern des ganzen Reiches!»

Der 83jährige müde Kaiser Franz Joseph hatte keine Möglichkeit, einzugreifen.

Im schlimmen Erlebnis der nationalen Kämpfe in der Donaumonarchie wurde die Schriftstellerin Bertha von Suttner, geborene Gräfin Kinsky, zur Pazifistin. In Paris lernte die Viersprachige im Haus des Dichters Alphonse Daudet einige Pioniere der noch kaum bekannten Internationalen Friedensbewegung kennen und stellte sich sofort in deren Dienst. Ihre erste große Friedensrede hielt sie unvorbereitet in italienischer Sprache vor großem Publikum bei einem Friedenskongress in Rom. Von nun an war «die Suttner» auf allen großen Friedenskongressen als Vortragende und Mahnerin erfolgreich. Ihr 1889 erschienener Roman «Die Waffen nieder» gehört zu den wenigen Büchern, die die Welt bewegten und das Bewusstsein breiter Leserschichten für die gute Sache änderten, nämlich für den Kampf gegen den Krieg.

Im Krieg sah Suttner das größte Hindernis für eine fortschreitende Entwicklung der Menschheit und hoffte, mit internationaler

Solidarität und einem angestrebten einheitlichen Rechtssystem einen neuen Krieg zu vermeiden. Ihr Engagement für den Frieden beruhte auf der Gleichberechtigung, einem harmonischen Zusammenleben aller Völker, internationaler Verständigung und gegenseitiger Hilfe statt Rivalität und Aufrüstung. Sie propagierte den Abbau internationaler Zoll- und Handelsschranken und schimpfte über die europäischen Staatsmänner: «Statt eine europäische Zollunion und verbündete Staaten Europas zu machen, werden neue Festungen gebaut, Zollkriege inauguriert, neue Kanonen eingeführt, polnische Kinder geprügelt, katholische Professoren angestellt ... o jemine! – Wie lang wird diese Reaktion dauern?» Schließlich setzte sie ihre Hoffnungen nur noch auf einen Arbeiterstreik gegen den Krieg.

Angesichts des rasch wachsenden Antisemitismus gründeten nichtjüdische Freunde rund um das Ehepaar Suttner 1891 den «Verein zur Bekämpfung des Antisemitismus». Als sie Theodor Herzl um Mitarbeit baten, sagte dieser ab und begründete dies in einem 22seitigen Brief: «Mit liebenswürdigen und bescheidenen Mitteln» könne man nichts bewirken. Er sehe als einzig erfolgversprechende Abwehrbewegung «ganz einfach den Sozialismus.» Zwar bildeten die Sozialdemokraten in Österreich die einzige nicht-antisemitische Massenpartei. Aber auch sie mussten auf ihre Wähler Rücksicht nehmen, da bei den Arbeitern der Hass auf die billigen Arbeitskräfte aus dem Osten wuchs, vor allem, wenn es Juden waren.

Obwohl Frauen in Österreich keinen Verein führen durften, gründete Suttner 1891 die österreichische Friedensgesellschaft und machte sich zur Präsidentin. 1892 kam noch die deutsche und 1895 die ungarische Friedensgesellschaft dazu. Aber sogar die «Friedensbertha» konnte sich nicht erlauben, allzu viele Frauen in ihren Verein aufzunehmen. Denn sie fürchtete zu Recht, dass dies dem Ruf des Pazifismus schaden könnte – in dem Sinn, dass man ihn als «weibisch», zu wenig kämpferisch, «feige» und «lächerlich» beurteilen könnte. Ein Gedicht des jungen Rilke macht diese Sorge verständlich:

Doch heute sind verhallt die Kampfeslieder,
Herein bricht eine neue feige Zeit,
Erbärmlich rufen Sie ‹Die Waffen nieder›,
Genug, genug, wir wollen keinen Streit.

Suttners bester Freund und Verehrer war der schwedische Sprengstofffabrikant Alfred Nobel. Er finanzierte ihre teuren Vortragsreisen und half aus, wann immer sie Geld brauchte. Auch er engagierte sich für die Sache des Friedens, wenn auch auf einem anderen Weg: Durch Abschreckung wollte er die Menschheit zwingen, auf Kriege zu verzichten, nämlich durch die Erfindung immer effizienterer Arten von Sprengstoff, die er produzierte: Dynamit und Sprenggelatine, die er in rund 90 Fabriken in fünf Kontinenten fabrizieren ließ. Nobel heiratete nie, denn Bertha, seine große Liebe, hatte ja Arthur von Suttner bevorzugt. 63jährig starb Nobel 1896 in San Remo, unverheiratet und kinderlos.

In seinem Testament stiftete Nobel neben den übrigen Preisen auch den Friedensnobelpreis und zwar für «denjenigen oder diejenige, welcher oder welche am besten für die Verbrüderung der Menschheit, die Herabminderung der Heere und die Förderung von Friedenskongressen gewirkt hat». Das war ein deutlicher Hinweis auf die Suttner als einziger Frau, die für eine solche Auszeichnung in Frage kam. Da aber Nobels Brüder und Erben jahrelang um den reichen Nachlass stritten, musste die inzwischen hoch verschuldete Suttner sehnsüchtig auf «ihren» Preis warten. Denn das aus Männern bestehende Preiskomittee gab seit 1901 vier Jahre lang männlichen Kandidaten den Preis. Erst 1905 erhielt Bertha von Suttner endlich «ihren» Friedensnobelpreis – als erste Frau und bis heute einzige Österreicherin.

Der Nationalismus der habsburgischen Völker wurde immer aggressiver, und die Friedensarbeit in Europa angesichts der zahlreichen Krisenherde schwieriger denn je zuvor. An der internationalen Haager Friedenskonferenz, die ein internationales Rechtssystem einführen sollte, durfte Suttner als Frau nicht teilnehmen. Aber Theodor Herzl schickte sie als Journalistin nach Den Haag mit dem Auftrag, dort den Zionismus international bekannt zu machen.

Immer wieder wetterte Suttner gegen die horrende Aufrüstung: «Österreich-Ungarn mit seinen fast 19 Millionen Analphabeten gibt jährlich Dreiviertel Milliarden Kronen für ‹Kriegsvorbereitungen› aus! Dreiviertel Milliarden werden der Volkswirtschaft fruchtlos entzogen! Dreiviertel Milliarden, die, für Kulturzwecke verwendet, dazu dienen könnten, hygienische Einrichtungen zu schaffen, die die Krankheiten auf ein Mindestmaß zurückführen, das durchschnittliche Lebensalter erhöhen, der übergroßen Sterblichkeit der Neugeborenen steuern würden!»

Aber Österreich wie das Deutsche Reich bereiteten sich auf einen Krieg vor und rüsteten auf. Und kaum jemand wollte mehr die müde gewordene Friedenskämpferin Suttner hören. So nahm die 69jährige 1912 die Einladung an, ein weiteres Mal in den USA Friedensvorträge zu halten – sieben Monate lang. Sie brauchte Geld, und die Amerikaner zahlten gut und verehrten die Friedensnobelpreisträgerin. Erschöpft, aber um 20 000 Kronen reicher, kehrte sie nach Wien zurück.

Die Balkankrise spitzte sich zu. Der Krieg war nahe. Angesichts des überbordenden Nationalismus der habsburgischen Völker beschwor Suttner 1914 kurz vor ihrem Tod mit letzter Kraft: «Ein geeinigtes, verbündetes Europa, dies hat fortan das Losungswort des aufgeklärten Pazifismus zu sein. Das kann man nicht oft genug wiederholen.»

Um die Lage zu beruhigen, bereiteten die Pazifisten für September 1914 einen internationalen Friedenskongress in Wien vor. Die «Friedensbertha» starb am 21. Juni 1914 in Wien, nur wenige Tage, bevor in Sarajewo die Schüsse fielen, die den Ersten Weltkrieg auslösten. Der Friedenskongress wurde abgesagt. Der Krieg war Realität.

13

DER ERSTE WELTKRIEG UND DAS ENDE DES HABSBURGERREICHES

Die Vorgeschichte: 1878, nach dem russisch-türkischen Krieg, rief Bismarck die Kriegsmächte zum Berliner Kongress ein. Hauptthema war die zerfallende Türkei, die den westlichen Mächten Chancen auf Gebietserweiterungen eröffnete. Bismarck wies einzelnen Mächten bestimmte Länder aus dem türkischen Nachlass zur Okkupation zu. Österreich-Ungarn erhielt Bosnien und die Herzegowina, sehr rückständige Länder, wo Serben, Kroaten, Bosnier, Türken, Katholiken und Muslime keineswegs freundlich miteinander lebten.

Wien nahm das Angebot an, vor allem, um diese Provinzen 1878 dem Kaiser zum 30jährigen Regierungsjubiläum zu schenken. Denn bisher hatte Franz Joseph eine Provinz nach der anderen verloren. Nun sollte er sich endlich über einen Zuwachs seiner Länder freuen.

Die beiden neuen Provinzen wurden nicht einer der beiden Reichshälften, sondern dem k. u. k. Gesamtstaat unterstellt. Der Finanzminister regierte die neuen Länder nebenbei und behandelte sie wie Kolonien. Das allein schon löste in den ehemals türkischen Ländern Konflikte aus.

Bismarck, der schlaue politische Fuchs, hatte nationale wie religiöse Konflikte vorausgesehen. Für ihn war es nützlich, dass Österreich-Ungarn sich nun mit ungeordneten und aufsässigen Völkerschaften am Balkan abplagen musste und sich dadurch schwächte.

Am 28. Juni 1914 erschoss ein bosnischer Student in Sarajewo den habsburgischen Thronfolger Franz Ferdinand und dessen Frau bei einem offiziellen Besuch. In Wien hatte man nicht bedacht, dass dieser 28. Juni ein nationaler Trauertag der Serben war in Erinnerung an die 1389 verlorene Schlacht auf dem Amselfeld und den Beginn der jahrhundertelangen türkischen Herrschaft.

Die Trauer des 83jährigen Kaisers über den Tod seines Neffen war gering. Wegen des minderen Ranges der Herzogin, die nur eine geborene Gräfin war, verbot er eine gemeinsame feierliche Beisetzung des Paares in der Wiener Kapuzinergruft und lud keine ausländischen Trauergäste ein. Die Särge mit den Mordopfern wurden in der Gruft ihres Privatschlosses in Artstetten im kleinen Kreis beigesetzt.

Kaiser Franz Joseph blieb bei der Jagd in Ischl. Kaiser Wilhelm II. war wie immer im Sommer per Schiff auf einer Nordlandreise unterwegs. Beide nahmen also nicht die Chance wahr, sich als die wichtigsten Bündnispartner persönlich zu treffen und sich über die politischen Konsequenzen des Doppelmordes abzusprechen.

Die Wiener beruhigten sich bald und genossen den schönen Sommer. Denn Franz Ferdinand war alles andere als beliebt gewesen. Politiker und hohe Militärs aber berieten hinter den Kulissen, ob diese Bluttat sich nicht eigne, endlich gegen das aufrührerische Serbien militärisch vorzugehen, womöglich auch gegen Russland zu mobilisieren, also einen «Verteidigungskrieg» zu unternehmen. Das Deutsche Reich stimmte als Bündnispartner dem Vorschlag zu. Denn Berlin wartete schon seit langem auf einen Anlass, in Frankreich einzumarschieren. Aber der müde alte Kaiser Franz Joseph wollte keinen Krieg.

Am 28. Juli 1914, mehr als vier Wochen nach dem Attentat, informierte der k. u. k. Außenminister Graf Berchtold den Kaiser in Ischl über ein angebliches Gefecht an der serbischen Grenze, legte dem alten Herrn die Kriegserklärung gegen Serbien vor und versprach einen raschen Sieg über das kleine Land. Franz Joseph unterschrieb und blieb weiter in Ischl. Das kleine Serbien war für ihn kein Problem.

Aber Serbien hatte Schutzmächte, die nun vertragsgemäß in den Krieg einstiegen: zuerst Russland, dann Frankreich. Daraufhin erklärte das Deutsche Reich am 1. August Russland den Krieg und machte gegen Frankreich mobil. Am 3. August überfielen schwerbewaffnete deutsche Truppen das neutrale Belgien, woraufhin dessen Schutzmacht England am 4. August Deutschland ebenfalls den Krieg erklärte.

Während die Wiener noch den Soldaten zujubelten, notierte Arthur Schnitzler am 5. August 1914 in sein Tagebuch: «Der Weltkrieg. Der Weltruin. Ungeheuere und ungeheuerliche Nachrichten … Wir erleben einen ungeheuren Moment der Weltgeschichte. In wenig Tagen hat sich das Bild der Welt völlig verändert. Man glaubt zu träumen! Alle Menschen sind rathlos.»

An der Seite der Deutschen und Österreicher jedoch fehlte der dritte Bündnispartner: Italien. Es konnte sich nicht für den Kriegseintritt entscheiden.

Schon nach wenigen Kriegswochen waren die Spitäler und Lazarette zu klein, um die zahlreichen Verwundeten zu versorgen. Schulen wurden für Schüler gesperrt und für Verwundete geöffnet, aber auch Adelspaläste wie das Palais Pálffy in Wien – und später sogar das Parlament.

In Galizien (Österreichisch-Polen) spielte sich die erste Kriegsphase gegen die Russen ab. Der 10jährige Manès Sperber war siegessicher: «In ein paar Wochen ist alles zu Ende, und ich komme als Zugsführer, vielleicht sogar als Feldwebel zurück. In der Schlacht fragt niemand nach dem Vater», also der jüdischen Abstammung. Aber die russischen Truppen brachen in Galizien ein und gingen vor allem gegen die Juden vor. Schnitzler am 31. August 1914 im Tagebuch: «In Todesangst fliehen viele galizische Juden vor allem nach Wien, wo sie Verwandte und Freunde haben.» Die Massenflucht der Ostjuden steigerte in Wien den Antisemitismus, und Schnitzler notierte mitleidig: «Die orthodoxen Juden, die an ihrem Gott verzweifeln.» Auch in Serbien kamen die Österreicher nicht voran.

Und dann kam der schlimme Winterkrieg gegen die Russen in den Karpathen, wo von Januar bis April 1915 rund 800 000 österreichische Soldaten ausfielen – als Gefallene, Verwundete, Vermisste und Gefangene.

Im Mai 1915 trat Italien doch noch in den Krieg ein, aber nicht an der Seite seines Bündnispartners Österreich-Ungarn, sondern dessen Gegnern. Der alte Kaiser war so entsetzt, dass er ein Manifest veröffentlichen ließ: «Ein Treubruch, dessengleichen die Geschichte nicht kennt, ist an seinen beiden Verbündeten begangen worden.» Dann berief er den Geist der alten österreichischen Kriegshelden von Radetzky bis Tegetthoff und betete zum Allmächtigen, die schwarzgelbe Fahne der Habsburger zu segnen.

Nun wurde der Großteil der k. u. k. Truppen gegen Italien eingesetzt, und zwar im Hochgebirge am Isonzo. In insgesamt zwölf opferreichen Schlachten an der Isonzofront starben auf beiden Seiten Hunderttausende Soldaten in Schnee und Eis.

Am 21. November 1916 starb Kaiser Franz Joseph nach 68jähriger Regierungszeit und wurde in der Kapuzinergruft in Wien neben seiner «Engels-Sisi» beigesetzt. Thronfolger war sein Großneffe, der 27jährige unerfahrene Erzherzog Karl, der geradezu mittelalterliche Vorstellungen vom «Gottesgnadentum» der Habsburger hatte. Der Unterschied zu Franz Joseph war deutlich: Der alte Kaiser, obwohl guter Katholik, stand auf der Seite der Bürger und ließ sich nicht zum Befehlsempfänger der Kirche machen. Karl aber nahm die alte enge Verbindung von Kirche und Thron wieder auf. Und er, der wegen seiner raschen Meinungsänderungen auch «Karl der Plötzliche» genannt wurde und keine gute Ausbildung hatte, stand ganz unter dem Einfluss seiner ihm intellektuell überlegenen Ehefrau Zita, die als geborene Belgierin einen großen Hass auf die Deutschen hatte.

Verheerend war der «Steckrübenwinter» 1916/17, als es außer diesem Viehfutter kaum noch andere Nahrung gab. Gehortete Lebensmittel wurden polizeilich beschlagnahmt, Katzen und Hunde geschlachtet, die Ernte wurde amtlich überwacht. Fett- und Milchkarten waren wertlos, weil es weder Fett noch Milch gab. Und die Aussicht auf 1917 war schlimm, wie auch der Wiener Lehrer Franz

Jungbauer schrieb: «Dieses Jahr verspricht in Bezug auf Blutvergießen ganz furchtbar zu werden und wird alles in den Schatten stellen, was bis jetzt da war. Man darf gar nicht mehr nachdenken.» In der Zivilbevölkerung gab es bereits unzählige Hungertote.

Am 6. April 1917 erklärten nun auch die USA den Mittelmächten den Krieg. Die erste US-Division mit luxuriös ausgestatteten und gut genährten Soldaten landete am 26. Juni 1917 in der Bretagne. Insgesamt stellten die Amerikaner in Europa rund 250 000 Mann zu einer Zeit, als die Truppen der Mittelmächte bereits sehr reduziert, erschöpft und ausgezehrt waren.

Über seine belgischen Schwäger, die Prinzen Sixtus und Xavier von Bourbon-Parma, versuchte Kaiser Karl im Frühjahr 1917 streng geheim einen Sonderfrieden mit Frankreich zu schließen – und zwar hinter dem Rücken des deutschen Bündnispartners. Er bot Frankreich das 1871 von den Deutschen annektierte Elsass-Lothringen an, aber kein österreichisches Gebiet.

Die komplizierte «Sixtus-Affäre» mündete im Frühjahr 1918, kurz nach dem Beginn der deutschen Westoffensive, in einen Skandal. Denn der so fromme Kaiser Karl schreckte nicht vor einer faustdicken Lüge zurück und verleugnete vor der internationalen Öffentlichkeit seine Friedensbemühungen vom Vorjahr. Er gab falsche Ehrenworte und beendete die Aktion gegenüber Georges Clemenceau mit dem Satz: «Unsere weitere Antwort sind Meine Kanonen im Westen», obwohl Österreich im Westen nur sehr wenige Truppen und schon gar keine Kanonen hatte. Daraufhin gab der wütende Clemenceau beide Briefe Karls von 1917 an die Zeitungen. Öffentlicher Spott und Hohn war die Folge. Die kaiserliche Autorität war ruiniert. Und die deutsche Regierung ärgerte sich wieder einmal über den Bündnispartner.

Für Karl war es demütigend, wenige Wochen später Kaiser Wilhelm um Hilfe bitten zu müssen, da die k. u. k. Truppen Tausende Hungertote hatten. Wilhelm zeigte sich großzügig und schickte Nahrungsmittel. Denn er brauchte die Österreicher.

Im Juni 1918 brach in Europa die Spanische Grippe aus. Die «Feindstaaten» Österreichs hatten kaum Probleme, da sowohl ihre Armee wie die Zivilbevölkerung normal genährt und deshalb nicht so anfällig waren. Aber in Wien wie in Berlin und anderen österreichen und deutschen Städten traf die Krankheit die seit langem ausgehungerte Zivilbevölkerung schwer. Pro Woche gab es allein in Wien rund 800 Grippetote, darunter viele Kinder. Einer dieser Toten war der 26jährige expressionistische Maler Egon Schiele.

Ende September 1918 zerfiel das alte Vielvölkerreich der Habsburger. Unter Berufung auf Wilsons Selbstbestimmungsrecht sammelten sich die einst habsburgischen Völker in neuen eigenen Nationalstaaten wie die Tschechoslowakei und Polen oder schlossen sich gleichsprachigen Mutterländern an, wie Italien und Serbien. Das einst multinationale Österreich-Ungarn schrumpfte auf die kleine und bettelarme deutschsprachige Republik Österreich zusammen. Am 15.Oktober 1918 schrieb der Sozialdemokrat Otto Bauer in der «Arbeiterzeitung» über die brenzlige Lage Österreichs: «Es bleibt ein Wirtschaftsgebiet übrig, das für unsere Industrie viel zu klein ist; ein Wirtschaftsgebiet, dessen allzu enge Grenzen die weitere Entwicklung unserer Industrie sehr beengen werden. Es gibt nur einen Ausweg: Sollte das grosse Wirtschaftsgebiet Österreich-Ungarns nicht mehr zu erhalten sein, dann müssten wir den Anschluss an das grosse deutsche Wirtschaftsgebiet des Deutschen Reiches suchen.»

Am 21. Oktober 1918 wurde der neue Kleinstaat «Deutschösterreich» ausgerufen, dessen Staatsgebiet von 676 615 auf 83 871 Quadratkilometer und die Zahl seiner Einwohner von rund 50 auf knapp sieben Millionen reduziert war. Das Wort des französischen Ministerpräsidenten Georges Clemenceau trifft die Situation der alleingebliebenen Deutschösterreicher gut: Österreich sei nun «c'qui reste»: «was übrig bleibt».

Sowohl das «moderne» deutschnationale Haus Hohenzollern wie das «altmodische» multinationale Haus Habsburg mussten aufgeben. Während Kaiser Wilhelm II. bereits am 10. November 1918 heimlich mit seiner Familie nach Holland floh, pochte Kaiser Karl immer noch auf das «Gottesgnadentum» seiner Herrschaft und blieb mit seiner großen Familie in Österreich. Er verzichtete zwar am 11. November 1918 auf die Regierung, aber nicht auf seine Herrschaftsansprüche, verließ mit seiner Familie Schönbrunn und zog auf sein Schloss Eckartsau im Marchfeld. Dort stand ihm der britische Offizier Edward Lisle Strutt zur Seite. Ihn hatte der König von England zum Schutz geschickt, damit sich das Schicksal der Zarenfamilie, das 1917 in einer Blutorgie geendet hatte, nicht wiederholte.

Am 12. November 1918 rief die Provisorische Nationalversammlung die «Republik Deutschösterreich» aus. Und das neu gewählte Parlament erließ bald das «allgemeine, gleiche, direkte und geheime Stimmrecht aller Staatsbürger ohne Unterschied des Geschlechts». Die bisher bevorzugten Aristokraten und Bischöfe mussten nun ihre Vorrechte aufgeben. Und zum ersten Mal durften endlich Frauen als gleichberechtigte Staatsbürger zur Wahl gehen.

Der Krieg hatte neben all den Greueln auch die große Wende im Verhältnis der Geschlechter gebracht. Denn als die Männer an der Front waren, mussten Frauen männliche Berufe ausüben, auch wenn sie Kinder hatten. Sie waren Schaffnerinnen, Lehrerinnen, Ärztinnen, auch Fabrikarbeiterinnen in der Rüstungsindustrie. Viele von ihnen ruinierten dabei ihre Gesundheit. Aber das Selbstbewusstsein wie die Selbständigkeit dieser Frauen waren in den vier Kriegsjahren deutlich gewachsen.

Als die Männer nach Kriegsende nach Hause kamen – traumatisiert, verwundet, krank oder zu Krüppeln geworden – trafen sie häufig auf völlig veränderte Frauen, die sich von ihnen nicht mehr wie in den Vorkriegsjahren einschüchtern ließen. Denn die Frau, die nicht von morgens bis abends nur «Weibchen», Mutter und Ehefrau war, hatte eigene Vorstellungen von ihrem Leben und entwickelte Ehrgeiz. Die zahlreichen Kriegerwitwen hatten ohnehin keine andere Wahl, als hart zu arbeiten, um ihre Kinder und sich selbst zu ernähren. Jedenfalls unterschied sich die Nachkriegsfrau sehr deutlich von der Frau vor dem Krieg.

Bei den Parlamentswahlen am 16. Februar 1919 gaben stolze 82 Prozent der wahlfähigen österreichischen Frauen zum ersten Mal ihre Stimmen ab. Aber von jenen 142 Frauen, die sich als Kandidatinnen für das Parlament bewarben, wurden nur acht gewählt: sieben Sozialdemokratinnen und eine Christlichsoziale, weniger als fünf Prozent der Abgeordneten. Die weiblichen Wähler hatten also ihre Stimmen bevorzugt Männern gegeben.

Trotzdem machte nun auch die Emanzipation in der neuen, von Sozialdemokraten geführten winzigen Republik Österreich große Fortschritte. Die Zahl der Mädchengymnasien wuchs. Unter dem Ruf «Weg vom Korsett» entstand eine Reformmode. Denn für berufstätige Frauen war es praktischer, kurze Haare zu haben und lange Hosen zu tragen, als den Modefirlefanz der Vorkriegsjahre mitzumachen. Man denke nur an all die Spitzen, Stickereien, die komplizierten Hüte, ganz zu schweigen von den aufgeplusterten Frisuren und den lästigen Schnürkorsetts. Der ungeheure Zeitaufwand für diese Mode, vom Geld ganz zu schweigen, hatte viele Frauen vor 1914 von wichtigeren Tätigkeiten abgehalten. Die Reformbewegung der 20er-Jahre war also nicht etwa eine Angleichung an den Mann, sondern eine Loslösung von einengenden weiblichen Traditionen.

Die ehemalige Kaiserfamilie war immer noch in Österreich. Wie weltfremd der Exkaiser auch jetzt noch war, zeigt folgendes Beispiel: Als der neue sozialistische Staatskanzler Dr. Karl Renner nach Eckartsau fuhr, um mit Karl das weitere Vorgehen zu besprechen, weigerte sich dieser, Renner zu empfangen mit der Begründung, dieser habe das Hofzeremoniell nicht befolgt und verabsäumt, ihn um Audienz zu bitten.

Da Karl immer noch die Abdankung verweigerte, erließ die Regierung ein neues Gesetz: Alle Habsburger, die nicht auf ihre Herrschaftsansprüche verzichteten, wurden des Landes verwiesen. Hier war vor allem Karl gemeint, denn die meisten der zahlreichen Habsburger votierten ohnehin für die Republik, blieben im Land und behielten ihre Schlösser und Güter. Empfindlicher traf sie dagegen die noch heute gültige Beschlagnahme des einst von Josef II. eingerichteten habsburgischen Familienfonds. Nach langem Hin und Her organisierte Strutt die Ausreise der Kaiserfamilie. Zita nahm aus der Schatzkammer der Hofburg für alle Fälle noch sehr teuren Schmuck mit. Am 23. März 1919 bestieg Exkaiser Karl in der Uniform eines Feldmarschalls den Hofzug, der seine Familie samt Gefolge und einem großen Auto in die Schweiz brachte. Dort schwor Karl den Eid, keinen Restaurationsversuch zu wagen.

Der neue Kleinstaat Österreich war bettelarm und fühlte sich nicht lebensfähig. Ebenso, wie sich die Italiener und die übrigen Völker der Monarchie an ihre sprachlichen Mutterländer anschlossen, so selbstverständlich war es für die deutschsprachigen Österreicher, sich dem Deutschen Reich anzuschließen. So erklärte sich Österreich 1919 als «Bestandteil der deutschen Republik» mit dem provisorischen Namen «Deutschösterreich». Aber im Frieden von St. Germain am 10. September 1919 wurde den Österreichern verboten, sich dem Deutschen Reich anzuschließen. Denn die Alliierten fürchteten, dass der «Anschluss» ein nicht zu vertretender Machtzuwachs für das besiegte Deutschland wäre. Nun mussten Staatskanzler Renner und seine hochrangigen Begleiter 381 Bestimmungen des Friedensvertrags unterzeichnen.

Die Aufteilung des alten Habsburgerreiches wurde zu Ungunsten der Deutschsprachigen geregelt: Böhmen, Mähren, Österreichisch Schlesien und einige Gemeinden Niederösterreichs gingen einschließlich der zahlreichen deutschsprachigen Bevölkerung an die neue Tschechoslowakei unter dem charismatischen Tomas Masaryk. Das vorwiegend deutschsprachige Südtirol ging mit dem Kanaltal und Istrien an Italien; Galizien an das wiedererstandene Polen; die Bukowina an Rumänien, Teile der Untersteiermark an das neue

Königreich der Serben, Kroaten und Slowenen und so fort. Das einzig Positive war, dass das deutschsprachige Westungarn an Österreich kommen sollte.

Rüstungsfabriken wie Waffen mussten zerstört werden. Österreich durfte nur ein Berufsheer von 30 000 Mann haben. Außerdem musste der bitterarme Staat hohe Reparationen zahlen.

Da die alte Kaiserhymne von Haydn nicht mehr anwendbar war, komponierte Wilhelm Kienzl eine neue Hymne, die 1920 bei der Vereidigung des neuen Bundesheeres zum ersten Mal gesungen wurde. Der Text stammt von Staatskanzler Karl Renner. Hier die erste von vier Strophen:

Deutschösterreich, du herrliches Land, wir lieben dich!
Hoch von der Alm unterm Gletscherdom
Stürzen die Wasser zum Donaustrom:
Tränken im Hochland Hirten und Lämmer,
Grüßen viel Dörfer, viel Städte und ziehn
Jauchzend zum Ziel, unserm einzigen Wien!
Du herrliches Land, unser Heimatland,
Wir lieben dich, wir schirmen dich.

Karl Kraus hingegen dichtete zur selben Zeit fünf neue Strophen für eine zeitgemäße, aber nie gesungene Hymne, darunter:

Nimmermehr, so lasst uns hoffen, werden in den Kampf wir gehn!
Eingeheizt die Lorbeerreiser, die das Heer so oft sich wand!
Gut und Blut für keinen Kaiser! Friede für das Vaterland!

Aus «Deutschösterreich» wurde nun amtlich wieder «Österreich», ein Kleinstaat, «den keiner wollte». Rund ein Drittel der Bevölkerung lebte in Wien. Die Stadt war dicht gefüllt mit prunkvollen Bauten der Kaiserzeit – Palästen, Theatern, Ministerien, Museen, Kasernen – wie es für die Hauptstadt des großen k. u. k. Österreich angemessen war. Aber jetzt bildete sie einen riesigen Wasserkopf gegenüber den übrigen eher ländlichen Landesteilen. Die großen Industrien, die

Gewinn abwarfen, waren fast alle in den abgespaltenen Ländern, vor allem in der nun sehr reichen Tschechoslowakei.

Wieder war es wie im Mittelalter: je schlechter und auswegloser die Zeiten wurden, desto dringender brauchte man einen Sündenbock und fand ihn in den Juden. Diese hatten im Krieg kameradschaftlich neben christlichen Soldaten gekämpft. Viele Juden waren für Österreich gefallen, noch mehr waren verwundet, und sie hatten wie ihre christlichen Kameraden viele Auszeichnungen. Nun aber sollten sie an allem Schuld sein: wie in früheren Zeiten an Feuersbränden, Wasserfluten und Cholera, so nun an Verelendung, Hunger, Arbeitslosigkeit und Hoffnungslosigkeit. Wenn Juden arm waren, waren sie «Schmarotzer am deutschen Volk». Wenn sie reich waren, beuteten sie das «arme Volk» aus. Wenn sie Künstler waren, «vergifteten» sie die «braven» Österreicher mit Pornographie. Wenn sie Journalisten waren, verbreiteten sie angeblich nichts als Lügen. Was auch immer ein Jude nach 1918 tat, wurde ihm als Verbrechen ausgelegt. Sogar an den Friedensverträgen sollten sie schuld sein, die angeblich auf einer jüdischen Weltverschwörung der Großmächte gegen Deutschland und Österreich beruhten.

Im Februar 1920 forderten Hungerdemonstrationen in der Steiermark fünf Tote und 45 Verletzte. Im Sommer kam es bei einer solchen Demonstration in Wien zu Plünderungen. Und in Graz demonstrierten Hausfrauen gegen die hohen Obst- und Gemüsepreise, wobei es 15 Tote und Verletzte gab. Die Lage wurde immer schlimmer.

Überraschend setzte Kanzler Renner die Streichung aller Adelstitel durch, auch in Ausweisen und Pässen. Hocharistokraten mit allbekannten Namen hatten kaum Schaden durch diese Aktion, wohl aber diejenigen, die mit nur einem «von» ausgezeichnet waren. Nun wurde aus dem stolzen Herrn von Müller wieder Herr Müller. Diese Regelung gilt bis heute.

Viele einst reiche Adelige verloren ihre Güter und Schlösser an die Nachfolgestaaten der Monarchie: an Böhmen, Polen, Italien, die Tschechoslowakei, Ungarn und so fort. Aber die Spuren der internationalen Geschichte sind in ihren Namen immer noch erkennbar: zum Beispiel im spanischen Namen Hoyos, den italienischen Pallavicini und Collalto, dem tschechischen Wilczek, dem polnischen Lanckoronsky, den ungarischen Pálffy und Esterházy, dem rheinischen Metternich und so fort.

Im Juni 1920 trat die Regierung Renner wegen starken Differenzen mit den Christlichsozialen zurück. Und bei den Wahlen im Oktober erhielten die Christlichsozialen 42 Prozent der Stimmen und bildeten eine neue Regierung. Die SDAP (Sozialdemokratische Arbeiterpartei) war in der Opposition.

Trotz all der Nöte dieser Zeit wagte es aber der Regisseur Max Reinhardt, im barocken Salzburg Festspiele zu gründen. Unterstützt wurde er von Hugo von Hofmannsthal, Richard Strauss, dem Bühnenbildner Alfred Roller und dem Dirigenten Franz Schalk. Am 22. August 1920 wurde auf dem Salzburger Domplatz zum ersten Mal Hofmannsthals «Jedermann» mit großem Erfolg aufgeführt. Heute sind die Salzburger Festspiele weit größer und vielfältiger als damals. Aber der «Jedermann» ist immer noch dabei.

Das Exkaiserpaar gab auch im Exil nicht auf: 1921 versuchte Karl zweimal, die Macht in Ungarn zu ergreifen, da er den Reichsverweser Miklos Horthy für königstreu hielt. Beim zweiten Versuch im Oktober kam es bei Budapest zu einem heftigen Schusswechsel, wobei 19 Soldaten starben. Karl und Zita wurden daraufhin kurz interniert. Dann reisten sie, da die Schweiz sie ausgewiesen hatte, von Ungarn zum Schwarzen Meer und von dort auf einem englischen Kreuzer über Gibraltar nach Madeira, wo sie am 19. November 1921 ankamen. Inzwischen hatte auch das ungarische Parlament die Habsburger für abgesetzt erklärt.

Auf Madeira wohnte die große Familie mit Dienerschaft anfangs in einem Luxushotel. Als das Geld knapp wurde, übersiedelten sie in eine schöne Privatvilla mit großem Garten, ohne dafür zahlen zu müssen. Dort starb der 34jährige Exkaiser Karl am 1. April 1922 an einer Lungenentzündung, kurz vor der Geburt seines achten Kindes.

Er wurde in der Kirche Nossa Senhora in Monte bei Funchal beigesetzt.

Seit den frühen 20er-Jahren strebte die fromme Exkaiserin Zita einen Seligsprechungsprozess für Kaiser Karl an und stützte sich zu diesem Zweck auf eine «Gebetsliga». Jahrzehntelang wurden nun angebliche Beweise für von Karl bewirkte Wunder vorgelegt, die den Verstorbenen zum «Seligen» machen sollten. Aber Rom hielt all diese Beweise für unzureichend. Schließlich, nach mehr als fünfzigjährigem Bemühen, wurde das «Wunder» erbracht: Eine in Brasilien wirkende Nonne, die an einer schmerzhaften Venenkrankheit litt, hatte den toten Kaiser Karl um Hilfe angefleht und wurde über Nacht gesund. Karl I., der allerletzte Kaiser von Österreich, wurde am 3. Oktober 2004 von Papst Johannes Paul II. zum «Seligen» erhoben.

14

SEIPEL, DOLLFUSS UND SCHUSCHNIGG

1921 zogen die Preise in Österreich kräftig an: bis Jahresmitte stieg der Preis des Dollars von 3800 auf 6200 Kronen und bis zum Jahresende auf 25 600 Kronen. Und so ging es fort. In ihrer Not versuchten arbeitslose Kommunisten, das Parlament zu stürmen, wurden aber von der Polizei zurückgedrängt. Immerhin erhielt das bitterarme Österreich von den Tschechen einen Kredit für den Ankauf von Kohle und Zucker.

In Deutsch-Westungarn, das laut Friedensvertrag an Österreich gehen sollte, wurde im Dezember 1921 eine Volksabstimmung durchgeführt, die zwiespältig ausfiel: Ödenburg (Sopron), die Hauptstadt Westungarns, votierte für Ungarn. Die beiden übrigen Teile – die Komitate Wieselburg und Eisenburg – gingen an Österreich und bildeten nun das neue «Burgenland». Hauptstadt wurde das kleine Eisenstadt, das durch die Familie Esterházy und das Wirken Joseph Haydns berühmt war.

1922 übernahm der christlichsoziale Prälat Dr. Ignaz Seipel, ein unerbittlicher Gegner der Sozialdemokraten, die Regierung. Er überzeugte den Völkerbund in Genf, Österreich eine Anleihe von 650 Millionen Goldkronen ratenweise auszuzahlen. Sparsamkeit war angesagt: Beamtenstellen wurden gestrichen, Staatspensionen gekürzt – und dies bei galoppierender Inflation.

Der Prälat gründete aber auch die bewaffnete rechte «Heimwehr», worauf die Sozialdemokraten 1923 mit dem neuen «Republikanischen Schutzbund» reagierten. Aber es gab noch eine dritte bewaffnete und gewaltbereite Truppe, deren Anziehungskraft immer stärker wurde: die Nationalsozialisten.

Am 1. Januar 1925 wurde die Kronenwährung abgeschafft und der Schilling eingeführt, wegen seiner Stärke «Alpendollar» genannt. Aber die extreme Sparsamkeit des Staates verschlimmerte die Armut und die Arbeitslosigkeit. Wegen der niedrigen Löhne brachen Streiks aus. Und im September 1926 zogen Zigtausende Zivilkrüppel – Blinde, Gelähmte, Bein- und Armamputierte – mit ihren Krücken und Rollstühlen über die Wiener Ringstraße und forderten ein Fürsorgegesetz und den Bau von «Krüppelheimen». Das Elend wurde von Tag zu Tag größer, und die Auseinandersetzungen zwischen Regierung und Opposition nahmen an Heftigkeit zu.

Die aufgeheizte Lage explodierte am 30. Januar 1927 im kleinen Ort Schattendorf im Burgenland. Dort schossen rechte «Frontkämpfer» aus einem Wirtshaus auf unbewaffnete vorbeimarschierende linke Schutzbündler und töteten einen 10jährigen Knaben und einen Kriegsinvaliden. Als die Täter im Juli 1927 vom Geschworenengericht freigesprochen wurden, protestierten die Linken in ganz Österreich. Rund 200000 Menschen sammelten sich auf der Ringstraße. Vor dem Parlament verjagte berittene Polizei die unbewaffneten Demonstranten mit Säbelattacken. Daraufhin drangen junge Arbeiter in den Justizpalast ein, warfen in ihrer Wut Aktenbündel aus dem Fenster und legten Feuer. Das wiederum bewog Bundeskanzler Seipel, den Justizpalast durch die Polizei gewaltsam stürmen zu lassen – zu einem Zeitpunkt, als viele Arbeiter bereits freiwillig abgezogen waren. Am Ende gab es 89 Tote: 84 Arbeiter und fünf Polizisten. Wegen seiner Härte ging Seipel als «Prälat ohne Milde» in die Geschichte ein. Aus Protest gegen ihn traten noch im selben Jahr viele Tausend Österreicher aus der katholischen Kirche aus. Und die Linken verweigerten fortan jede Zusammenarbeit mit den Christlichsozialen.

Mit dem New Yorker Börsenkrach von 1929 setzte die Weltwirtschaftskrise ein. Zahlreiche Firmen gingen bankrott. Es gab immer mehr Arbeitslose und Hungertote. Und die NSDAP erhielt in Österreich immer mehr Anhänger. Im Mai 1932 wurde in Friesach in Kärnten zum ersten Mal ein österreichischer Nationalsozialist zum Bürgermeister gewählt. Und bei den Wahlen im Mai 1932 erreichte die NSDAP bereits 14 Prozent der Stimmen.

Mit nur einer Stimme Mehrheit stieg der 39jährige christlichsoziale Landwirtschaftsminister Engelbert Dollfuß zum Kanzler einer Koalitionsregierung rechter Parteien auf. In seinem Hass auf die Linken löschte er nun nach und nach die bahnbrechenden Reformen und Errungenschaften der sozialistischen Regierung wieder aus. Er berief sich auf die päpstliche Sozialenzyklika «Quadrogesimo anno» von 1931 und auf die päpstliche Aussage, dass es unvereinbar sei, gleichzeitig Katholik und Sozialist zu sein. Demnach war nun Dollfuß' Parole: «Gegen den Sozialismus und eine falsche Freiheitslehre». Sein Ziel war die «Zurückdrängung der sozialistischen Organisationen» und die «sittliche Erneuerung aus christlichem Geiste». Statt sich also gegen die Nationalsozialisten zu wenden, attackierten die Christlichsozialen die heimischen Sozialisten. Im Oktober 1932 avancierte der Wiener Heimwehrführer Emil Fey zum Staatssekretär für Sicherheit und verbot nun der Opposition – Sozialdemokraten, Kommunisten und Nationalsozialisten – öffentliche Versammlungen und Aufmärsche. 1933 wurde er Vizekanzler.

Anfang Oktober 1932 fand in Wien der Gauparteitag der österreichischen Nazis statt mit den Hauptrednern Joseph Goebbels und dem SA-Führer Ernst Röhm. Sozialdemokraten wie Kommunisten wehrten sich gegen die randalierenden Nazis und mussten vier Schwer- und 130 Leichtverletzte hinnehmen. Das alles war nur der Anfang einer zunehmend rascher werdenden Entwicklung.

In Wien wurde am 4. März 1933 das Parlament durch eine Fehlentscheidung beschlussunfähig. Statt den Fehler rasch zu korrigieren, nützte Dollfuß die Situation, ließ das Parlament sofort schließen und regierte fortan mit Hilfe von Notverordnungen. Um eine Klage der Abgeordneten zu verhindern, legte er auch noch den Verfassungsgerichtshof lahm. Die Demokratie war damit abgeschafft. Die christlich-soziale Partei schränkte die Pressefreiheit stark ein und regierte fortan autoritär.

Nach einem Besuch bei Dollfuß im März 1933 berichtete der ungarische Außenminister Kanya, der Kanzler habe ihm gesagt: «Wichtigstes Ziel sei ..., die Sozialdemokraten unter allen Umständen in die Knie zu zwingen. Stärkste Waffe in diesem Kampfe sei die Furcht der Sozialisten, er (Dollfuß) könne sich mit ihrem erbittertsten Feind, mit den Nationalsozialisten verbünden ... Sollte der Plan jedoch nicht gelingen, so würde er (Dollfuß), da er nicht an zwei Fronten kämpfen könne, einen Ausgleich mit den Nationalsozialisten versuchen.» Dollfuß sprach von einem gefährlichen Spiel, das er letztlich nicht gewinnen konnte.

Ende März wurde der Republikanische Schutzbund der Sozialdemokraten aufgelöst und am 1. Mai der traditionelle Maiaufzug der Linken verboten. Als die Nationalsozialisten im April bei den Innsbrucker Gemeinderatswahlen mit mehr als 40 Prozent der Stimmen die stärkste Partei stellten, verbot Dollfuß weitere Landtags- und Gemeinderatswahlen. Am 26. Mai wurde auch die Kommunistische Partei verboten. Österreich war nun zur Diktatur geworden.

Als der bayerische Justizminister Hans Frank nach einem Vortrag aus Österreich ausgewiesen wurde, verhängte das Deutsche Reich die «Tausendmark-Sperre» über Österreich. Fortan mussten Deutsche, die nach Österreich reisten, an der Grenze tausend Mark zahlen (heute ungefähr 10 000 Euro). Damit war der Tourismus, die Haupteinnahmequelle Österreichs, aufs Ärgste geschädigt. Als Dollfuß im Gegenzug die österreichische NSDAP verbot, löste dies eine gefährliche Terrorwelle aus.

Auch der Kampf gegen die Sozialdemokraten ging unverändert weiter: Am 11. September 1933 wetterte Dollfuß auf dem Wiener Trabrennplatz vor großem Publikum wieder einmal gegen die Linken: «Die Zeit marxistischer materialistischer Volksverführung ist gewesen! Die Zeit der Parteienherrschaft ist vorbei! Wir lehnen Gleichmacherei und Terror ab, wir wollen den sozialen, christlichen, deutschen Staat Österreich auf ständischer Grundlage, unter starker, autoritärer Führung!» Im September verordnete Dollfuß die «Errichtung von Anhaltelagern zur Internierung politischer Häftlinge». Am 10. November führte er die von den Sozialdemokraten abgeschaffte Todesstrafe wieder ein.

Sehr energisch wurde nun die Rekatholisierung der Arbeiter angestrebt, wozu in den Arbeitervierteln zahlreiche neue Kirchen gebaut wurden. Jugendliche mussten Beichtzettel vorlegen.

Die Zahl der Arbeitslosen und Ausgesteuerten war im kleinen Österreich auf mehr als 600 000 angestiegen. Kein Wunder, dass die Sozialisten das alles nicht geduldig hinnahmen. Am 12. Februar 1934 begann in Linz ein Aufstand, der sich auf ganz Österreich ausweitete: wütende linke Arbeiter kämpften gegen bewaffnete Regierungstruppen. Daraufhin wurden zahlreiche Sozialisten verhaftet, Privathäuser durchsucht, Waffen beschlagnahmt. Schließlich wurde das Standrecht verhängt, wonach jeder Aufständische ohne Urteil erschossen werden konnte. Vor allem die von der linken Wiener Stadtregierung einst errichteten Gemeindebauten mit den Arbeiterwohnungen wurden beschossen und zum Teil zerstört. Daraufhin riefen die Linken den Generalstreik aus. Auch der 23jährige Student Bruno Kreisky, Sohn aus reichem jüdischen Haus und engagierter Sozialist, verteilte Flugblätter gegen die Dollfuß-Diktatur. Letztlich konnten die Linken gegen die gut gerüstete Heimwehr, die Polizei und das Heer nicht bestehen. Der Bürgerkrieg dauerte vier Tage und forderte mehr als tausend Tote – die Regierung gab offiziell nur 314 an.

Als der Aufstand zusammenbrach, waren noch Tausende Linke in Haft. Justizminister Kurt von Schuschnigg weigerte sich, Gnadengesuche an den Bundespräsidenten zu richten – im Gegenteil: er ließ zur Abschreckung neun Sozialisten standrechtlich erschießen, was ihm, ebenso wie Dollfuß, den Namen «Arbeitermörder» einbrachte. Nicht weniger als 16 000 Österreicher wurden in dieser Zeit aus politischen Gründen inhaftiert.

Kanzler Engelbert Dollfuß mit der Hahnenfeder der Heimwehr

Dem stellvertretenden SDAP-Vorsitzenden Otto Bauer, dem Kommandanten des Republikanischen Schutzbundes Julius Deutsch und anderen gelang die Flucht über die Grenze ins nahe Brünn. Kreisky, der in diesen Tagen die illegale Organisation «Revolutionäre Sozialistische Jugendbewegung» gründete, fuhr nun unter diversen Decknamen regelmäßig dorthin, um Bauer von den Ereignissen in Wien zu berichten.

Bald versuchten die Nationalsozialisten, aus den chaotischen Zuständen Kapital zu schlagen und durch einen Putsch die Macht im Staat zu übernehmen. Am 25. Juli 1934 drangen – nach einem Plan Theo Habichts, des Presseattachés der Deutschen Botschaft in Wien – über hundert als österreichische Soldaten und Polizisten verkleidete bewaffnete Männer in das Bundeskanzleramt am Ballhausplatz ein. Dollfuß versuchte zu fliehen, wurde aber von zwei Schüssen tödlich getroffen.

Nun bewährte sich das zwischen Dollfuß und Mussolini bestehende Bündnis: Als italienische Truppen drohend gegen die Deutschen am Brenner aufmarschierten, brach der Nazi-Putsch zusammen. Auf der Seite der Regierung gab es insgesamt 107, bei den Nazis 140 Todesopfer. Über fünfhundert Menschen waren verletzt. 13 Putschisten wurden nun hingerichtet, viele in «Anhaltelager» gesperrt. Anderen gelang die Flucht nach Deutschland. Dollfuß wurde von den Christlichsozialen zum Märtyrer verklärt. Trotz des tragischen Endes schwankt das Bild dieses Kanzlers in der Geschichte. Der Ständestaat erhielt nun eine zweite Hymne mit dem eigenartigen Text:

Ihr Jungen, schließt die Reihen gut!
Ein Toter führt uns an.
Er gab für Österreich sein Blut, / Ein wahrer deutscher Mann.

Der Austrofaschismus unter Dollfuß konnte sich rühmen, die Demokratie abgeschafft, das Parlament ausgeschaltet und einen totalitären «christlichen» und «deutschen» Staat mit starken antisozialistischen und antisemitischen Zügen aufgebaut zu haben.

Nachfolger von Dollfuß als Kanzler wurde der 36jährige Kurt von Schuschnigg. Er hatte 1930 den katholisch- antisemitischen Kampfverband «Ostmärkische Sturmscharen» gegründet, für die «Selbstausschaltung des Parlamentes» votiert und Dollfuß dazu gebracht, die Todesstrafe wieder einzuführen. Nun setzte er die Politik seines Vorgängers fort und versuchte wie dieser, den «österreichischen Menschen» zu konstruieren: als männlich, katholisch, antijüdisch und antisozialistisch. Wegen der ansteigenden Arbeitslosigkeit mussten nun sämtliche verheirateten weiblichen Angestellten und Beamtinnen in den «dauernden Ruhestand» treten, also ihren Beruf aufgeben. Wer sich weigerte, dem wurde gekündigt. Formell ging es um den «Abbau von so genannten Doppelverdienern». Verheiratete Frauen, auch wenn sie studiert hatten, hatten keine Chance, ihren Beruf auszuüben. Auch an den Universitäten wurden rigorose Zugangsbeschränkungen eingeführt und nur höchstens zehn Prozent Studentinnen zugelassen.

Ende Januar 1935 informierte der 24jährige Bruno Kreisky in Brünn Otto Bauer über eine neue Verhaftungswelle gegen die Linken – und wurde einige Tage später selbst verhaftet. Ein Jahr verbrachte er in Untersuchungshaft und dann noch vier Monate in Polizeihaft. Im «Sozialistenprozess» im März 1936 hielt er eine glänzende Verteidigungsrede, die starkes internationales Echo hatte. Er wurde wegen Hochverrats zu einem Jahr Kerker verurteilt und erst im Juni 1937 wieder freigelassen.

Im «Juliabkommen» erkannte Hitler am 11. Juli 1936 die Souveränität Österreichs an, versprach, sich nicht in dessen Angelegenheiten einzumischen und hob endlich die ruinöse Tausend-Mark-Sperre auf. Im Gegenzug verlangte er eine Amnestie für in Österreich inhaftierte Nazis, eine künftig mit Berlin abzustimmende Außenpolitik und die Berufung von zwei neuen, den Nationalsozialisten nahe stehenden Herren: General Edmund Glaise von Horstenau als Minister ohne Portefeuille und Guido Schmidt als Staatssekretär im Außenamt. Auch musste Österreich bisher verbotene NS-Zeitungen zulassen – außer dem «Völkischen Beobachter». Die NSDAP blieb weiterhin in Österreich verboten, aber die Zahl ihrer illegalen Parteimitglieder wuchs trotzdem beträchtlich an. Das Juliabkommen war der Anfang vom Ende des freien Österreich. Aber viele Österreicher hofften noch auf die Hilfe Italiens, Englands und Frankreichs.

15

ÖSTERREICH IN HITLERDEUTSCHLAND

Für den 12. Februar 1938 lud Hitler Schuschnigg zu einer «inoffiziellen Begegnung» nach Berchtesgaden ein. Er verschüchterte den Besucher mit einer langen lauten Rede und forderte von ihm die sofortige Amnestie verurteilter Nationalsozialisten, außerdem einen Pressefrieden zwischen Deutschland und Österreich, eine einheitliche Militärpolitik, die Bestellung des Nationalsozialisten Arthur Seyß-Inquart zum Innenminister und damit auch zum Chef der Polizei. Schuschnigg hatte keine Möglichkeit zum Widerspruch und verließ als gedemütigter Mann den Obersalzberg. Goebbels notierte siegesgewiss am 22. Februar 1938 in sein Tagebuch: «In Wien, Graz und Innsbruck große, ergreifende Nazidemonstrationen. Das ist so wunderbar. Jetzt rollt die Sache programmgemäß weiter.»

In dieser heiklen Lage boten die Sozialdemokraten Schuschnigg an, ihn im Kampf um die Unabhängigkeit Österreichs zu unterstützen, aber unter der Bedingung, wieder die Sozialdemokraten und die Gewerkschaften zuzulassen. Schuschnigg lehnte brüsk ab. Als letzten Ausweg setzte er sehr kurzfristig für den 13. März eine Volksabstimmung für Österreichs Unabhängigkeit an, die sogar von illegalen Sozialisten wie Kommunisten unterstützt wurde. Auch vermögende Juden gaben dem antisemitischen Kanzler sehr viel Geld für die Abstimmung, um Österreich zu retten.

Hitler erfuhr am 10. März von der geplanten Aktion, und Goebbels schrieb in sein Tagebuch: Der Führer «glaubt, die Stunde ist gekommen. Will nur noch die Nacht drüber schlafen. Italien und

England werden nichts machen. Vielleicht Frankreich, aber wahrscheinlich nicht.»

Am 11. März 1938 kündigte Hitler den Einmarsch nach Österreich an:

> 1. *Ich beabsichtige, wenn andere Mittel nicht zum Ziele führen, mit bewaffneten Kräften in Österreich einzurücken, um dort verfassungswidrige Zustände abzustellen und weitere Gewalttaten gegen die deutschgesinnte Bevölkerung zu unterbinden.*
> 2. *Den Befehl über das gesamte Unternehmen führe ich.*
> 3. *Der Einmarsch beginnt ab 12. März 1938, 12 Uhr.*
> 4. *Das Verhalten der Truppe muß dem Gesichtspunkt Rechnung tragen, daß wir keinen Krieg gegen ein Brudervolk führen. Es liegt in unserem eigenen Interesse, daß das ganze Unternehmen ohne Anwendung von Gewalt und unter Jubel der Bevölkerung vor sich geht, daher ist jede Provokation zu vermeiden. Sollte aber Widerstand geleistet werden, dann ist diese mit größter Rücksichtslosigkeit und Waffengewalt zu brechen. Überlaufende Verbände stehen sofort unter deutschem Befehl.*

Am Abend des 11. März 1938 hielt Schuschnigg seine letzte Rundfunkansprache: die Regierung weiche der Gewalt. Es solle aber kein «deutsches Blut» vergossen werden. Und er schloss mit den Worten: «Gott schütze Österreich». Innenminister Arthur Seyß-Inquart wurde nun Kanzler, aber nur vom 11. bis zum 13. März.

Die deutschen Truppen überschritten am 12. März die Grenze und wurden von vielen Österreichern jubelnd empfangen. Hitlers kühnste Erwartungen waren übertroffen: Es fiel kein einziger Schuss. Voll Stolz offenbarten sich die bisher illegalen österreichischen Nazis nun als alte Parteimitglieder, unter ihnen besonders viele Polizisten und Lehrer. General Heinz Guderian, Befehlshaber der deutschen Panzertruppe, schilderte den Empfang in Hitlers Lieblingsstadt Linz: «Eine ungeheure Begeisterung hatte die Massen ergriffen. Die reichsdeutschen Soldaten wurden stürmisch bejubelt.» Und: «Die alten Soldaten des ersten Weltkrieges standen mit ihren Kriegsdekorationen auf der Brust am Weg und grüßten. Die deutschen Fahrzeuge inklusive der Panzer wurden bei jedem Halt geschmückt, die Soldaten mit Blumen überhäuft.» Es gab Händeschütteln, Umarmungen, Freudentränen. «Kein Mißklang störte den von beiden Seiten ersehnten, bereits mehrfach vereitelten Anschluß. Die Kinder eines Volkes, die eine unglückliche Politik durch lange Jahrzehnte getrennt hatte, fanden zueinander und jubelten sich zu.» Und: «Ich habe weder vorher noch nachher eine so elementare Begeisterung erlebt wie in dieser Stunde.»

Während Hitler in Linz Triumphe feierte, war Heinrich Himmler mit seinen Männern längst in Wien tätig. Noch in der Nacht vom 12. auf den 13. März verhafteten sie dort «reichsfeindliche Elemente»: gegnerische Journalisten, reiche Juden, Kommunisten und Sozialisten und prominente Anhänger des alten Regimes: Monarchisten, Geistliche, Heimwehrleute. Unter den vielen Flüchtlingen dieser Tage waren auch Alma Mahler-Werfel und Tochter Anna, die noch am 12. März von Wien über Prag und Budapest nach Mailand zu Franz Werfel flohen. Die tüchtige Alma hatte bereits Ende Februar vorgesorgt, ihre sämtlichen Bankkonten in Wien aufgelöst und das Geld in die Schweiz schmuggeln lassen.

Am 13. März vollzogen die neuen Machthaber in Linz den gesetzlichen Anschluss Österreichs an das nunmehrige «Großdeutsche Reich». Der ehemalige Österreicher Adolf Hitler hatte den lang erträumten und 1919 von den Alliierten verbotenen «Anschluss» verwirklicht. Nur Mexiko protestierte. Franz Werfel klagte im nunmehrigen Exil: «Heute, am Sonntag, dem dreizehnten März, will mein Herz vor Leid fast brechen … Oh Haus in Breitenstein, wo ich 20 Jahre gearbeitet habe, soll ich dich nie mehr wiedersehen? Besser schweigen!»

Viele der rund 200 000 Wiener Juden wurden nun von Demütigungen und Verfolgungen gequält. Vor allem alte und gebrechliche

Ostjuden aus der Leopoldstadt, die mit ihren langen Bärten und der traditionellen Tracht unverkennbar waren, mussten mit Bürsten, oft auch Zahnbürsten, die Straßen säubern und die zahlreichen Stimmzettel zur nicht stattgefundenen Volksabstimmung aufsammeln. Dies geschah vor der Kulisse eines höhnischen, grölenden Publikums. Zahlreiche Österreicher aber, geschockt von solch menschenverachtenden Szenen, zogen sich still und angewidert zurück.

Am 14. März fuhr Hitler mit seinem Tross nach Wien und wurde dort zum Geläut sämtlicher Wiener Kirchenglocken – auf Anordnung des Wiener Kardinal-Erzbischofs Theodor Innitzer – jubelnd empfangen.

An diesem Tag war die Gestapo im Dauereinsatz und erschien auch in der elterlichen Wohnung Bruno Kreiskys, traf ihn aber nicht an, da er gerade an der Universität sein letztes Rigorosum ablegte. Am nächsten Tag wurde er in Schutzhaft genommen und erst im August wieder entlassen mit der Auflage, Österreich sobald wie möglich zu verlassen. In diesen ersten Tagen des Hitler-Regimes wurden rund 70 000 Menschen – Juden, Christlichsoziale, Sozialisten, Kommunisten und Monarchisten – von den neuen Machthabern verhaftet oder in Arbeitslager gebracht. Schuschnigg stand unter Hausarrest.

Höhepunkt der Anschlussfeiern war am 15. März 1938 Hitlers spektakulärer Auftritt bei der Großkundgebung auf dem Wiener Heldenplatz vor Abertausenden jubelnder Anhänger. Vor allem dieser Hitler-Satz begeisterte die Menge: «Ich kann somit in dieser Stunde dem deutschen Volk die größte Vollzugsmeldung meines Lebens abstatten. Als der Führer und Kanzler der deutschen Nation und des Reiches melde ich vor der Geschichte nunmehr den Eintritt meiner Heimat in das Deutsche Reich.» Und einem italienischen Journalisten sagte er: «Dieses Volk von Österreich fühlte den inneren Drang, mit Deutschland vereinigt zu sein. Haben Sie gesehen, wie es auf unser Kommen reagiert hat? Das österreichische Volk wurde lange von einer Handvoll Männer getäuscht und unterdrückt.»

Am nächsten Tag schrieb die griechische Sängerin Margherita Perras ihrem dänischen Kollegen Helge Rosvaenge: «Was soll ich Dir zuerst über den triumphalen Erfolg des Führers hier in Österreich schildern!!! Während der ganzen (Eisenbahn-) Fahrt bejubelte das Volk die deutschen Soldaten, welche mit unserem Zug nach Wien fuhren. Dann am andern Morgen bin ich in die Oper für die Orchesterprobe gegangen und habe was schönes erlebt. Natürlich fand keine Probe statt, es war ein Durcheinander, da vieles sich geändert hat. Es musste unterschrieben werden, wer Arier und nicht Arier wäre, und viele sind glaube ich fristlos entlassen. Das schönste war, dass alle das Hakenkreuz trugen und mit Heil Hitler und strahlendem Gesicht grüßten! ... Die Freude aller Menschen hier kann ich Dir nicht beschreiben.»

Seit 1933 hatten die Österreicher neidvoll verfolgt, wie die Arbeitslosigkeit im Hitlerreich schwand. In der katastrophalen wirtschaftlichen und sozialen Lage kam nun bei so manchem Hoffnung auf. So bekannte der 36jährige Jurist Walther Kastner: Trotz aller Bedenken gegen die Nazis «empfand ich zugleich den Anbruch einer neuen Zeit, nicht des Nationalsozialismus, sondern einer neuen Wirtschaftsauffassung ... Wer in der Wirtschaft tätig war und aufrichtig ist, wird eingestehen müssen, daß sich ein Weg zu neuer Wirtschaftsführung eröffnet hatte, die Österreich so sehr benötigte, um lebensfähig zu sein.»

Nach dem Einmarsch der deutschen Truppen wurde der Name Österreich gelöscht. Das Land hieß nun «Ostmark des Deutschen Reiches». 1942 ersetzte Hitler den Namen «Ostmark», der seiner Ansicht nach die Eigenständigkeit Österreichs zu stark betonte, durch «Alpen- und Donaugaue».

Am 17. März übernahm die Deutsche Reichsbank die Österreichische Nationalbank und begann sofort mit dem Abtransport nach Berlin: 90 000 Kilogamm Gold im Wert von 540 Millionen Schilling, in vielen Jahren zuungusten der Bevölkerung aufgespart. Die Währung wurde zum Kurs von einer Reichsmark gleich 1,5 Schilling umgestellt. Diese Währungsumstellung hatte zur Folge, dass die Deutschen nun in Österreich billig einkaufen konnten.

Auch Aristokraten wurden enteignet. Denn Hitler hasste den österreichischen Hochadel wegen seines Selbstbewusstseins, seines Ehrbegriffs und seiner Katholizität, vor allem aber, weil der Adel die multinationale Geschichte des «Rassenbabylons» Österreich verkörperte. Viele Aristokraten kamen nun wegen ihrer aufrechten Gesinnung in Haft, so auch Mitglieder der Familie Hohenberg, Nachkommen des 1914 ermordeten Thronfolgers Franz Ferdinand. Und da Hitler den Ehrgeiz hatte, in seiner «Heimatstadt» Linz ein großes Museum zu bauen, ließ er die Kunstsammlungen der Juden und Aristokraten ebenso rigoros plündern wie später das Kunsthistorische Museum in Wien.

Am 1. April ging der erste Transport mit 150 prominenten Nazi-Gegnern in das KZ Dachau in Bayern. Am 10. April endete die (keineswegs freie) Volksabstimmung über den «Anschluss» mit 99,73 Prozent Ja-Stimmen. Und im August wurden zahlreiche jüdische und politisch nicht genehme Häftlinge aus der bisherigen Haft nach Mauthausen transportiert mit der Aufgabe, dort ein Arbeitslager zu errichten und in den dortigen Steinbrüchen mit dem Abbau von Granit zu beginnen. Hitler brauchte viel Granit, da er ja seine geliebte Heimatstadt Linz, die nur 15 Kilometer von Mauthausen entfernt liegt, mit monumentalen Bauten verschönern wollte. Bald wurden in Linz auch die «Hermann Göring-Werke» errichtet für die Stahlindustrie und – was die Österreicher nicht wussten – für die Kriegsrüstung.

Unter größter Geheimhaltung ließ Hitler im August in einem Sonderzug die alten Reichskleinodien aus der Wiener Schatzkammer nach Nürnberg zurück bringen, wo sie nun ausgestellt wurden. Auch damit bewies er seine Abneigung gegen Wien.

In der Münchner Konferenz Ende September 1938 plädierte Hitler gegenüber Mussolini, Daladier und Chamberlain dafür, dass die Tschechoslowakei die ehemals österreichischen sudetendeutschen

Gebiete an das Deutsche Reich abtreten müsse. Am 1. Oktober begann der Einmarsch in das Sudetenland zur großen Freude der dortigen deutschen Bevölkerung. Denn nun hatte sich der Wunsch von 1918 erfüllt, alle deutschen Gebiete in einem Staat zu vereinen. Auch hier wurde Hitler von der deutschsprachigen Bevölkerung als Retter begrüßt.

In der Pogromnacht, der sogenannten «Reichskristallnacht» vom 9. auf den 10. November 1938, brannten auf Hitlers Befehl im ganzen deutschen Reich, also auch in Österreich, die Synagogen. Die Feuerwehren durften nicht eingreifen. Als die Aktion beendet war, blieben zutiefst verängstigte, gedemütigte und isolierte Menschen zurück. Sie saßen allein in ihren oft demolierten Wohnungen und trauerten, da von nun an der tröstliche Weg in die Synagoge nicht mehr möglich war. Viele von ihnen waren verwundet – und kein christlicher Arzt durfte zu Hilfe kommen. Die «Kristallnacht» war ein Menetekel für die Juden, so rasch wie möglich ihre Heimat zu verlassen – wenn sie noch konnten.

16

VOM ZWEITEN WELTKRIEG BIS ZUM STAATSVERTRAG

Entgegen den Abmachungen der Münchner Konferenz marschierten am 15. März 1939 deutsche Truppen in die Resttschechei ein und annektierten das Land, obwohl es wirklich kein «deutsches Land» war. Die internationalen Mächte waren konsterniert.

Und am frühen Morgen des 1. September begann mit dem deutschen Überfall auf Polen der Zweite Weltkrieg. Am 3. September folgten die Kriegserklärungen Englands und Frankreichs an das Deutsche Reich.

Auch die ehemaligen Österreicher mussten nun in Hitlers Krieg ziehen. Und da es bald erste Erfolge gab, hofften sie auf einen baldigen Sieg und große Eroberungen. Warschau kapitulierte bereits am 27. September. Im Oktober gingen erste Transporte mit österreichischen Juden in die Sumpfgebiete bei Lublin in Polen. Im Krieg war es nun möglich, diese Transporte geheim zu halten.

Am 22. Juni 1941 griffen deutsche Truppen ihren Bündnispartner, die völlig überraschte Sowjetunion an. Im Winter 1941/42 wendete sich aber das Kriegsglück. Es gab viele Rückschläge. Immer mehr deutsche (und ehemals österreichische) Soldaten fielen und starben in Schnee und Eis.

Seit dem 24. August 1942 bereitete sich in den weiten Landschaften Russlands die Tragödie von Stalingrad vor. Am 10. Januar 1943 war die 6. deutsche Armee eingekesselt. In dieser Zeit trafen sich Churchill und Roosevelt in Casablanca und kamen zum Schluss, dass der Krieg nur durch die bedingungslose Kapitulation der Achsenmächte beendet werden könne.

Am 31. Januar 1943 kapitulierte die 6. Armee. Am 18. Februar rief Goebbels das deutsche Volk zum «totalen Krieg» auf. Am 13. August bombardierten die Alliierten zum ersten Mal eine österreichische Stadt: Wiener Neustadt, die größte «Flugzeugfabrik» im Deutschen Reich. Weitere Luftangriffe trafen fortan Wien, Linz, Steyr und Graz. Am 9. August wurde der standhafte Katholik und Wehrdienstverweigerer Franz Jägerstätter enthauptet (und später von der katholischen Kirche selig gesprochen). Am 8. September kapitulierte Italien.

Nach dieser Kriegswende tagten in Moskau ab dem 18. Oktober 1943 die russischen, britischen und amerikanischen Außenminister: Molotow, Eden und Hull. Sie waren sich einig, vom Deutschen Reich die bedingungslose Kapitulation und vollständige Abrüstung einzufordern. Die NS-Regierung müsse vor ein internationales Militärgericht gestellt und die deutschen Kriegsverbrecher in jenen Ländern abgeurteilt werden, wo sie ihre Gewalttaten begangen hatten.

Das ehemalige Österreich jedoch erhielt überraschend einen Sonderstatus in der «Moskauer Deklaration»: «Die Regierungen Grossbritanniens, der Sowjetunion und der Vereinigten Staaten von Amerika kamen darin überein, dass Österreich, das erste freie Land, das der Hitlerschen Aggression zum Opfer gefallen ist, von deutscher Herrschaft befreit werden muss.» Damit wurde der Anschluss vom März 1938 für null und nichtig erklärt und die Wiederherstellung eines freien und unabhängigen Österreich gesichert. Das bedeutete, dass Österreich nach Kriegsende seine Gebiete inklusive der russischen Zone mit Wien geschlossen behalten durfte.

In der «Moskauer Deklaration» gab es aber auch einen wichtigen Satz, der in Österreich wenig populär ist, nämlich die Mahnung: «Österreich wird jedoch darauf aufmerksam gemacht, dass es für die Beteiligung am Kriege auf seiten Hitlerdeutschlands die Verantwortung trägt, der es nicht entgehen kann, und dass bei der endgültigen Regelung unvermeidlich sein eigener Beitrag zu seiner Befreiung berücksichtigt werden wird.» Damit waren die Österreicher aufgerufen, sich von Deutschland zu distanzieren, eine Widerstandsbewegung gegen die Nazis aufzubauen und sich für die Zeit nach dem Krieg vorzubereiten: als ein freies Land.

Tatsächlich bildete sich in Wien bald eine wenn auch kleine Widerstandsbewegung vor allem junger Leute. Das Kreidezeichen «O5» (5 stand für den fünften Buchstaben im Alphabet, also OE für «Österreich») tauchte seit 1944 plötzlich am Eingang des Stephansdoms und an anderen wichtigen Wiener Bauten auf und ermahnte die Wiener, sich nicht mehr als «Deutsche», sondern wieder als Österreicher zu fühlen.

Nach dem misslungenen Bombenattentat auf Hitler am 20. Juli 1944 in der «Wolfsschanze», dem Führerhauptquartier, gab es auch in Wien eine Verhaftungswelle, wobei ein großer Teil der österreichischen Widerstandsbewegung zerschlagen wurde. Im selben Jahr noch wurden im Wiener Landesgericht 165 österreichische Zivilisten und 62 Wehrmachtsangehörige hingerichtet.

Am 12. März 1945 wurde die Wiener Innenstadt vom schwersten Luftangriff des Krieges getroffen. Die Staatsoper lag in Schutt und Asche. Im Burgtheater brannte der Zuschauerraum aus, und auch die Hofburg und das Kunsthistorische Museum, dessen kostbare Kunstwerke vorsorglich ausgelagert waren, wurden getroffen. Aber auch das Hauptquartier der Gestapo im ehemaligen Hotel Metropol wurde zerstört.

Die meisten Opfer forderte ein Bombentreffer auf den eleganten Philippshof, der bis auf die Grundmauern abbrannte. In dem als sicher geltenden Luftschutzkeller des riesigen Hauses wurden mehr als zweihundert Menschen unter den Schuttmassen begraben. Nur wenige Leichen konnten geborgen werden. Aus Pietät gegenüber den Opfern wurde das Grundstück nie mehr bebaut. Seit 1988, also fünfzig Jahre, nachdem die deutschen Truppen in Wien einmarschiert waren, befindet sich hier das von Alfred Hrdlicka gestaltete Mahnmal gegen Krieg und Faschismus.

Am 29. März 1945 marschierten die ersten sowjetischen Truppen in der «Ostmark» ein. Der Kampf um Wien begann am 5. April. Am 12. April brannte der Stephansdom, wobei der alte hölzerne Glockenstuhl Feuer fing und die aus türkischen Kanonen gegossene riesige Glocke «Pummerin» abstürzte und zerbrach.

Am 13. April endete der Kampf um Wien.

Plötzlich waren die «Ostmärker» wieder Österreicher. Innerhalb von nur vierzehn Tagen etablierten sich in Wien drei große Parteien: die Sozialistische Partei Österreichs (SPÖ), die Österreichische Volkspartei (ÖVP) als Nachfolgerin der Christlichsozialen und die Kommunistische Partei (KPÖ). Die Fehler der Dollfuß- und Schuschnigg-Zeit mit den Hasstiraden zwischen Rechten und Linken wiederholten sich nicht. Denn die Erlebnisse in den Konzentrationslagern und der gemeinsame Widerstand gegen die Nazis hatten die einst so verfeindeten Parteien ausgesöhnt und machten nun den politischen Neubeginn leichter. Konservative und die von ihnen im Ständestaat unterdrückten und verfolgten Sozialdemokraten sprachen miteinander, ohne sich gegenseitig zu beschuldigen.

Am 17. April wurde Theodor Körner zum Wiener Bürgermeister gewählt. Am 20. April traf Karl Renner in Wien ein. Die Sowjets brachten ihn wegen seiner langen politischen Erfahrung ins Spiel, da er ja bereits 1918 in einer ähnlichen Situation die Führung des Landes erfolgreich übernommen hatte. Er bildete nun eine provisorische Regierung von SPÖ, ÖVP und KPÖ. Am 27. April 1945 verkündete er die Wiederherstellung der Republik Österreich und erklärte «den im Jahre 1938 dem österreichischen Volke aufgezwungenen Anschluss» für «null und nichtig». Die unkorrekte Formel vom «aufgezwungenen Anschluss» wurde nun für Jahrzehnte zur üblichen politischen Redewendung, da man den Jubel des März 1938 wohl verdrängt hatte.

In der provisorischen Regierung befanden sich je neun Vertreter der ÖVP und SPÖ, sieben der KPÖ und drei parteilose Staatssekretäre. Der neue Staatskanzler Karl Renner beschwor die Österreicher: «Verzagt nicht! Fasset wieder Mut! Schließt Euch zusammen zur Wiederaufrichtung Eures freien Gemeinwesens und zum Wiederaufbau Eurer Wirtschaft! Vertagt allen Streit der Weltanschauungen, bis das große Werk gelungen ist! Und folgt in diesem Geiste Eurer Regierung!»

Österreich wurde nun rasch von Siegertruppen besetzt. Am 28. April zogen US-Truppen in Innsbruck ein. Am 5. Mai befreiten amerikanische Truppen die Häftlinge des KZ Mauthausen und bald auch der 48 Nebenlager, die fast alle für die Rüstung gearbeitet hatten. Die Zahl der Todesopfer allein im Komplex Mauthausen liegt bei geschätzten 100 000 Menschen vieler Nationen. Wegen der schlechten Ernährung und der täglich elfstündigen Schwerstarbeit betrug die durchschnittliche Lebensdauer eines Häftlings in Mauthausen etwa im Jahre 1943 nicht mehr als sechs Monate.

Am 8. Mai 1945 war der Zweite Weltkrieg zu Ende. Die Alliierten zogen entlang der Enns eine Demarkationslinie zwischen den Truppen der Westmächte und denen der Roten Armee. Unsicherheit und Angst mischten sich in die Freude über das Ende des Krieges, der in Österreich mehr als 450 000 Opfer gefordert hatte. Noch größer war die Zahl der Kriegsgefangenen und Zivilinternierten. Der Bombenkrieg hatte das Land schwer getroffen, wenn auch längst nicht so schlimm wie Deutschland. Die Wirtschaft lag darnieder. Überdies befanden sich auf österreichischem Gebiet noch rund drei Millionen Flüchtlinge und «displaced persons». Es herrschten chaotische Zustände, zumal das kleine Land auch noch für rund 700 000 Mann der alliierten Truppen aufkommen musste.

Im Juli 1945 einigten sich die vier Siegermächte über ihre Besatzungszonen. Wien, das mitten im russischen Sektor lag, erhielt einen Sonderstatus: Die Sieger besetzten jeweils einen bestimmten Wiener Sektor. Die Innenstadt aber, also der 1. Bezirk, wurde gemeinsam besetzt und abwechselnd und auch gemeinsam regiert: sichtbares Symbol waren die «vier im Jeep», da im ersten Wiener Bezirk Offiziere der vier Mächte zusammen in einem Auto fuhren. Die Besetzung dauerte zehn Jahre, in denen sich allerdings die Zahl der Siegertruppen ständig verringerte.

Am 19. August 1945 wurde auf dem Wiener Schwarzenbergplatz das erste Denkmal der Zweiten Republik feierlich eingeweiht: das «Russendenkmal», auch «Befreiungsdenkmal» genannt, für die Gefallenen der Roten Armee. (Die Russen hatten diesen Ort gewählt, um an die alte Koalition des Zaren mit dem österreichischen General Fürst Schwarzenberg im gemeinsamen Kampf gegen Napoleon zu erinnern.) Vor einem Säulenhintergrund steht bis heute die zwölf Meter große Statue eines russischen Soldaten auf einem zwanzig Meter hohen Sockel, neben sich seine niedergelegten Waffen und sein Schild. Die kyrillische Inschrift preist «Ewigen Ruhm den sowjetischen Soldaten, die im Kampf gegen die deutsch-faschistischen Besatzer für die Befreiung Österreichs vom Faschismus gefallen sind.»

Bei der Enthüllung des Denkmals pries Bundeskanzler Renner die «heilige Opferbereitschaft der Sowjetsoldaten und die meisterhafte Führung ihres Generalissimus Josef Stalin». Denn diese hätten «das fluchwürdige Regime des völkerversklavenden Faschismus vernichtet». Die Wiener freilich fanden ein anderes Wort für das Kunstwerk: «Denkmal des unbekannten Plünderers». Denn die Sowjetsoldaten waren ja nicht nur Befreier, sondern auch Räuber und Vergewaltiger.

Vor dem Russendenkmal war und ist der Hochstrahlbrunnen platziert, der 1873 aus Anlass der 1. Wiener Hochquellwasserleitung gebaut, im Krieg zerstört und nun wiederhergestellt war. Mit seinen Fontänen deckt er bis heute das russische Denkmal großteils ab, eine typisch wienerische Lösung.

Im Oktober 1945, als die Österreicher hungerten, schaffte es Bruno Kreisky, der nach Schweden geflohen war und dort als Korrespondent diverser Zeitungen arbeitete, große Lebensmittel- und Medikamentenlieferungen nach Österreich zu schicken. 1946/47 übernahm die UNRRA-Hilfe (United Nations Relief and Rehabilitation Administration) die Versorgung von Flüchtlingen mit Lebensmitteln, Kleidern, Saat- und Düngemitteln im Wert von 137 Millionen Dollar. Mit Hilfe der UNRRA kehrten auch zahlreiche Flüchtlinge in ihre Heimatländer zurück.

Bei den Nationalrats- und Landtagswahlen am 25. November 1945 – frühere Mitglieder der NSDAP, SA und SS waren nicht zugelassen – erhielt die ÖVP mit 85 Mandaten die absolute Mehrheit, die Sozialisten 76 und die Kommunisten vier. Und am 20. Dezember 1945 wurde der 75jährige Karl Renner der erste Bundespräsident der Zweiten Republik. Die Allparteienregierung unter Bundeskanzler Leopold Figl (ÖVP) und Vizekanzler Dr. Adolf Schärf (SPÖ) trat am 25. Dezember 1945 an. Die Kommunisten erhielten wegen ihrer geringen Stimmenzahl nur das Ministerium für Energiewirtschaft. Oppositionsparteien gab es nicht.

Bei seiner Weihnachtsansprache 1945 appellierte Figl an die Österreicher: «Ich kann Euch zu Weihnachten nichts geben, ich kann Euch für den Christbaum, wenn Ihr überhaupt einen habt, keine Kerzen geben, kein Stück Brot, keine Kohle zum Heizen, kein Glas zum Einschneiden. Wir haben nichts. Ich kann Euch nur bitten: Glaubt an dieses Österreich!» Figl hatte als Christlichsozialer den größten Teil der Hitlerzeit in Konzentrationslagern verbracht. Der Einmarsch der Roten Armee Anfang April 1945 hatte ihm, dessen Hinrichtung bereits vorbereitet war, das Leben gerettet.

Ein anderes Problem, das die österreichische Regierung von sich schob, war das der zahlreichen Flüchtlinge, die einst (bis 1918) Bürger des k. u. k. Reiches waren. Sie stammten aus Böhmen, Mähren, Schlesien, Galizien, Tschechien usw. und waren als Deutschsprachige vor allem unter der Regierung Benesch auf brutale Weise ausgewiesen worden. Die meisten von ihnen fühlten sich als Bürger Österreichs, dem Nachfolgerstaat des Habsburgerreiches. Aber die österreichische Regierung weigerte sich, die Flüchtlinge aufzunehmen und beharrte darauf, dass sie nach Deutschland abgeschoben wurden, vor allem nach Bayern. Als Begründung gaben sie an, dass die Flüchtlinge keine Österreicher seien.

Aus politischen Gründen grenzten sich nun die Österreicher scharf gegen die Deutschen ab und präsentierten sich – immer mit Hinweis auf den Moskauer Vertrag – als das von Hitler überfallene, wehrlose Volk. Nazis waren angeblich nur die Deutschen gewesen. Dass es bis Mai 1945 bei einer Bevölkerung von nur vier Millionen rund 600 000 österreichische NSDAP-Mitglieder gab, war verdrängt. Auch was die jüdischen Opfer betraf, fühlten sich die Österreicher unschuldig. Sie schoben die Verantwortung allein auf die Deutschen – und das, obwohl gerade Österreicher eine bedeutende Rolle in den KZs und den Todeslagern des Hitlerreiches gespielt hatten.

Innenpolitisch brachte die Regierung einen Rückgriff auf den «österreichischen Menschen» der Zwischenkriegszeit unter Dollfuß wie Schuschnigg. Es gab keinerlei Anstrengungen, die vertriebenen österreichischen Juden zurückzuholen. Laut Figl sei es ja angeblich für die Emigranten bequemer gewesen, «in ihren Klubsesseln zu sitzen, als für Österreich zu leiden». Aber Bruno Kreisky gelang nach vielen Querelen im Mai 1946 die erste Einreise nach Wien, natürlich auf eigene Kosten.

Während sich die Westdeutschen reuig zeigten, erhebliche Entschädigungen an Juden zahlten und bereits die Schulkinder ausführlich über die Schandtaten der deutschen Nazis informierten, präsentierte sich Österreich nach 1945 als ein von Hitlers Truppen überfallenes, schuldloses Land. Um möglichst viele einst Verfolgte einzuschüchtern und abzuschrecken, waren die Restitutionsbestimmungen äußerst kompliziert – in der Erwartung, dass die älteren Verfolgten ja ohnehin bald sterben würden. Im Notfall aber, wenn doch einmal ein jüdischer Flüchtling Schandtaten von Österreichern zu Protokoll gab, riet Innenminister Oskar Helmer eindringlich, die Sache – gemeint war «Wiedergutmachung» mit Geld oder Rückgabe von Eigentum wie Häusern oder Kunstwerken – «in die Länge zu ziehen». Österreich war ja das «erste von Hitlerdeutschland überfallene

Volk» und hatte angeblich mit dem Nationalsozialismus nichts zu tun gehabt. Verbrecherische österreichische Nazis kamen zu dieser Zeit kaum vor Gericht – und wenn, dann mündeten die Prozesse meist in Begnadigungen oder milde Urteile, die nach einiger Zeit stillschweigend aufgehoben wurden – im Gegensatz zur gründlichen Aufarbeitung der Naziverbrechen in der Bundesrepublik Deutschland und der «Wiedergutmachung» mit sehr hohen Summen auch an den Staat Israel.

Am 2. Juli 1948 unterzeichneten Österreich und die USA den Marshall-Plan. Kurz darauf kamen bereits die ersten Lieferungen, vor allem Lebensmittel und Kohle, aber auch moderne Maschinen. Bis zum Ende der Aktion 1962 flossen insgesamt Güter im Wert von mehr als 20 Milliarden Schilling für den Wiederaufbau nach Österreich.

Einige Jahre nach dem Luxemburger Abkommen von 1952, das die Deutschen zu hohen Reparationszahlungen an jüdische Organisationen verpflichtete, versuchte der in Deutschland geborene Nahum Goldman in Zusammenarbeit mit der «Conference on Jewish Material Claims against Austria», in Österreich Wiedergutmachungszahlungen zu erreichen. Immerhin habe das Land, so Goldman, «nicht nur Hitler hervorgebracht, sondern ihn auch mit größerer Begeisterung aufgenommen als ein Großteil Deutschlands».

Aber Bundeskanzler Julius Raab berief sich in einer Konferenz wieder auf die Moskauer Deklaration, die Österreich zum «ersten Opfer der Nazis» gemacht hatte, und weigerte sich, zu zahlen. Denn «Juden und Österreich befänden sich in der gleichen Lage. Beide seien sie Opfer des Nazismus». Der erboste Goldman antwortete darauf schlagfertig: «Deshalb, lieber Herr Kanzler, ist auch der Zweck unseres Kommens, festzustellen, wieviel Geld die Juden den Österreichern zahlen sollen.» Vor seiner Abreise werde er jedenfalls den großen Musikvereinssaal mieten und dort den Film über Hitlers Einmarsch in Wien zeigen, denn: «In keiner deutschen Stadt wurde er je mit solcher Begeisterung empfangen.»

Schließlich bat Raab den Gast zu einer Besprechung zu zweit ins Kanzleramt. Sie einigten sich «bei einem Paar Würstchen und einem Glas Bier» auf eine Zahlung von 30 Millionen Dollar, einem winzigen Bruchteil der deutschen Zahlungen, aber es war ein «positiver Anfang».

Und wieder zogen sich die Verhandlungen endlos hin und, so Goldman: «Ich habe dabei gelernt, wie schwierig es ist, mit österreichischen Behörden zu tun zu haben... Zusagen waren immer mit Vorbehalten verbunden, Fristen und Besprechungen wurden selten eingehalten, und alles, was wir erreichen konnten, war, daß die österreichische Regierung, die prinzipiell jede Verpflichtung zur Entschädigung ablehnte, einen Hilfsfonds einrichtete, um dringliche Ansprüche in sehr geringfügigem Maße zu befriedigen.»

Die aus Österreich verjagten Juden erhielten, wenn überhaupt, nur eine winzige «Entschädigung». Erst unter Kanzler Bruno Kreisky, der sich mit Goldman anfreundete, gab es weitere Zahlungen. (Dass sich auch die DDR – bis auf eine kleine Summe – weigerte, Entschädigungszahlungen an Exiljuden zu leisten, muss der Gerechtigkeit halber gesagt sein.)

Kreisky, der 1951 mit Frau und zwei Kindern endgültig nach Wien zurückkehrte, wurde 1953 Staatssekretär für Auswärtige Angelegenheiten und im April 1955 Mitglied der Delegation, die in Moskau nach langjährigen Verhandlungen den Staatsvertrag vorbereitet hatte.

Am 15. Mai 1955 war es soweit: Im Festsaal des Oberen Belvedere wurde der Österreichische Staatsvertrag feierlich unterzeichnet und zwar unter dem prachtvollen Deckenfresko mit der «Allegorie des Ruhmes». Es gab rauschende Feste: Am 15. Oktober 1955 wurde das wiederhergestellte Burgtheater feierlich mit Grillparzers «König Ottokars Glück und Ende» eröffnet. Am 26. Oktober 1955 erklärte die Republik Österreich ihre «immerwährende Neutralität», die kurz darauf von den vier Großmächten und anderen Ländern anerkannt wurde. Daraufhin zogen die vier Besatzungsmächte ab. Österreich war nun wieder ein freies Land im Gegensatz zur DDR und der Bundesrepublik.

Am 5. November folgte ein großes, bewegendes Erlebnis: Die im Krieg arg zerstörte Wiener Staatsoper, in zehnjähriger Arbeit in alter Pracht wiederhergestellt, begann mit Beethovens Freiheitsoper «Fidelio» unter Karl Böhm eine neue, hoffnungsvolle Ära. An diesem Abend flossen so manche Tränen der Rührung und Freude.

Um keine Wählerstimmen zu verlieren, gingen die Nazi-Prozesse in Österreich nach wie vor nur zögerlich weiter. Die größten Verbrecher waren ohnehin geflohen oder unter anderer Identität unauffindbar. Gesucht wurde kaum nach ihnen.

Nach den politischen Unruhen in Polen rebellierten im Oktober/November 1956 auch die Ungarn gegen die russische Besatzung. Das hatte auch Auswirkungen auf Österreich. Der neue Ministerpräsident Imre Nagy verkündete das Ende des Einparteienstaates, bildete eine Mehrparteienregierung, erklärte die Neutralität Ungarns und trat aus dem Warschauer Pakt aus. Der seit 1949 von den Kommunisten inhaftierte Kardinal Józef Mindszenty wurde befreit. Als dann aber die Rote Armee einmarschierte und auch ein Appell an die UNO nichts half, hatten die Ungarn keine Chance mehr. Auf ungarischer Seite gab es geschätzte 2500 Tote, unter ihnen viele Hingerichtete.

Mehr als 200 000 Ungarn flohen über die Grenze nach Westen, vor allem nach Wien. Und hier zeigte sich, dass die alte österreichisch-ungarische Verbindung noch im Herzen der Wiener lebendig war. Den Flüchtlingen wurde geholfen, wo immer es möglich war. Die Wiener nahmen wildfremde Ungarn in ihre Wohnungen auf, gaben ihnen Kleider und Essen und sammelten Geld für sie. Die Flüchtlingslager waren überfüllt. Viele Ungarn flohen weiter nach Übersee. Aber die meisten blieben in Wien. Der Freiheitskämpfer Imre Nagy aber wurde verhaftet und 1958 hingerichtet, ebenso wie weitere 350 Aufständische.

Die Leserin und der Leser mögen mir verzeihen, wenn ich mich an dieser Stelle als Wiener Augenzeugin des Jahres 1961 persönlich einmische. Damals kam ich als 20jährige deutsche Studentin nach Wien, um den von mir heiß verehrten Herbert von Karajan so oft wie möglich am Dirigentenpult der Staatsoper erleben zu können. Von Österreichs aktueller Politik wusste ich wenig, hatte mich aber als angehende Historikerin gründlich mit der österreichischen Geschichte befasst einschließlich der Jahre von 1938 bis 1945 und den Folgen.

Das Klima an der Wiener Universität war, was die österreichischen Kommilitonen betraf, verbissen antideutsch. Denn die Staatsräson lud immer noch – in Berufung auf die «Moskauer Deklaration» – die Schuld an allen Nazi-Verbrechen allein den Deutschen auf. Denn, so wurde gelehrt: Wir Österreicher waren immer gegen die Nazis und gegen Hitler. Die Deutschen haben uns 1938 brutal überfallen und sind an allem Elend schuld.

Die derart geschulten österreichischen Studenten rückten im Hörsaal von uns «Reichsdeutschen» ab. Im Stehparterre der Staatsoper tuschelten sie über uns «Piefkes» und warfen uns böse Blicke zu, die sagten: «Was habt ihr denn hier zu suchen, ihr Nazis!» Zu Gesprächen ließen sie sich nicht herab. Ausnahmen machten nur deutschnationale österreichische Burschenschaftler, die sich uns penetrant an die Fersen hefteten: Hitler habe das alles ganz gut gemacht. Denn Wien hätte ja ohnehin viel zu viele Juden durchfüttern müssen und ähnliche Sprüche. Darauf ließen wir uns schon gar nicht ein. Denn wir waren ja bereits in der Schule mit den ungeheuerlichen Verbrechen der Nazizeit konfrontiert worden, schämten uns für das, was geschehen war und wollten alles besser machen. Persönlich aber kannten wir keinen Juden.

Zum Glück fanden wir dann doch den einen oder anderen älteren Österreicher, der die Nazizeit erlebt hatte und uns – ganz privat – die Wahrheit sagte: über die Begeisterung der Wiener für Hitler als Retter Österreichs im März 1938 und einen damals ersehnten gemeinsamen deutschen Staat. Im Krieg aber hatten die meisten ihre Sympathien für die Deutschen verloren. Es waren vor allem die älteren Professoren der Geschichte, die klar und deutlich Stellung bezogen, samt so manchem persönlichen Schuldbekenntnis. Über den Moskauer Vertrag zuckten sie nur die Achseln.

17

KREISKY, WIESENTHAL UND ÖSTERREICH HEUTE

Inzwischen war Kreiskys politische Karriere rasch fortgeschritten: 1956 Nationalratsabgeordneter, 1959 Außenminister der ÖVP-Regierung bis 1966. 1967 wurde er SPÖ-Parteivorsitzender, begann mit gründlicher Reformarbeit und erwies sich als tatkräftiger Modernisierer. Da er einen guten Draht zu Journalisten hatte und auch fernsehtauglich war, brachte er viele seiner Pläne leicht in die Öffentlichkeit.

Aus den Wahlen am 1. Mai 1970 gingen die Sozialdemokraten zum ersten Mal als stimmenstärkste Partei hervor, aber ohne absolute Mehrheit. Um zu verhindern, dass die ÖVP wieder die Macht an sich riss, empfing Kreisky noch in der Wahlnacht Friedrich Peter, den Obmann der freiheitlichen Partei Österreichs, und vereinbarte mit ihm die Duldung gegenüber der von Kreisky geführten Minderheitsregierung und gab der FPÖ vier Ministerposten. Die Zusammenarbeit mit der FPÖ, einem Sammelbecken alter Nazis, war für Kreisky als erstem österreichischen Kanzler jüdischer Abstammung eine heikle Angelegenheit. Aber für die SPÖ war es die einzige Chance, eine Regierung gegen die seit 1945 herrschende ÖVP zu bilden und endlich eine moderne Politik durchzusetzen. So wurde Kreisky der erste sozialdemokratische Bundeskanzler Österreichs.

Daraufhin protestierte Simon Wiesenthal, Leiter des jüdischen Dokumentationszentrums in Wien, gegen die FPÖ-Beteiligung an Kreiskys Regierung. Wiesenthal, geboren 1908 in Buczacz bei Lemberg (Österreichisch Polen), war bis 1945 als Jude Zwangsarbeiter gewesen und hatte dort vor allem österreichische NS-Bewacher erlebt. Bereits 1966 schickte er an die damalige ÖVP- Regierung ein von ihm erstelltes Memorandum, worin er der These des «von den Nazis überfallenen Österreich» heftig widersprach: Die Österreicher seien im Gegenteil überproportional in den Holocaust verwickelt gewesen. Er veröffentlichte einen Bericht, wonach Friedrich Peter als Obersturmführer in einer Einheit der Waffen-SS gedient hatte, die mit Massenmorden in Verbindung stand. Da die ÖVP-Regierungen keine Anstalten machten, die Nazi-Verbrechen juristisch aufzuarbeiten, arbeitete Wiesenthal nun unermüdlich daran, die Verbrecher auf eigene Initiative ausfindig zu machen und vor Gericht zu bringen. Nun musste er sich ausgerechnet mit dem jüdischstämmigen Kreisky auseinandersetzen – ein Kampf, der viele Jahre dauerte und beide sehr viel Nerven kostete.

Die Zusammenarbeit der SPÖ mit der FPÖ dauerte nur ein Jahr. Im Oktober 1971 brachten Neuwahlen eine knappe, aber absolute Mehrheit für die SPÖ: 50,04 Prozent. Kreisky konnte nun in seiner Alleinregierung wichtige Reformpläne durchsetzen: Freifahrten und Gratis-Schulbücher für Schüler, Herabsetzung der Volljährigkeit von 21 auf 19 Jahre, ein «Startgeld» für bedürftige junge Ehepaare, die Fristenlösung (Möglichkeit zur Abtreibung), Legalisierung gleichgeschlechtlicher Partnerschaften. 1973 wurde die Mehrwertsteuer eingeführt und 1974 das reformierte Strafrecht, eine ORF-Reform, Zivildienst als Alternative zum Militärdienst und vieles andere.

Kreisky war der erste Kanzler, der sich persönlich und gerne um die Presse kümmerte und seine Meinung sagte: offen, gescheit, humorvoll und manchmal auch sehr grantig. Sein Privatvergnügen war es, Künstler und Schriftsteller in seine gastfreundliche Villa in der Armbrustergasse 15 in Grinzing einzuladen, um mit ihnen zu plaudern und zu diskutieren. In seinem Haus war eine Zeitlang auch Oskar Kokoschka polizeilich gemeldet, der 1938 in die Schweiz geflohen war. Nun brauchte er eine österreichische Meldeadresse, um

Bruno Kreisky und Simon Wiesenthal

wieder Österreicher zu werden – was mit Kreiskys Hilfe 1974 auch gelang.

Als aber Kreiskys Justizminister Christian Broda 1972 alle noch anhängigen Prozesse gegen NS-Verbrecher einstellte – mit der Begründung, dass Freisprüche für Massenmord dem Ansehen Österreichs schaden würden, löste dies bei Simon Wiesenthal verständliche Empörung aus. Wieder gab es eine harte Auseinandersetzung zwischen Wiesenthal und Kreisky. Beide hatten sehr viele Angehörige im Holocaust verloren. Aber Kreisky hatte sich bereits früh vom Judentum gelöst und warf nun ausgerechnet Wiesenthal vor, mit den Nazis kollaboriert zu haben, was diesen erbittern mußte. Wie sich später herausstellte, war Kreisky falsch informiert worden.

Bei den Wahlen 1975 erhielt die SPÖ wieder die absolute Mehrheit, und Kreisky setzte seine Modernisierung fort: Mindesturlaub, Gleichberechtigungsgesetz und vieles andere. Als die bisherige Hochkonjunktur in der Ölkrise abbrach, sorgte er vor allem in der verstaatlichten Industrie für die Erhaltung der Arbeitsplätze. Dort war trotz der Krise noch der alte Proporz erhalten, wonach Posten und Ämter zwischen rot und schwarz aufgeteilt wurden. Als beliebter Witz ging die gar nicht so falsche Mär um, dass dort für jede Stelle drei Leute nötig seien: ein Rechter, ein Linker und einer, der die Arbeit macht. Eine teure Angelegenheit für einen Kleinstaat. Aber der sozial denkende Kreisky blieb bei seinem Spruch: «Lieber ein paar Millionen Schulden mehr als ein paar Hunderttausend Arbeitslose».

Dass Kreisky keineswegs Antisemit war, zeigte sich auch darin, dass er in den 70er- wie frühen 80er-Jahren Hunderttausende russische Juden, die nach Israel auswandern wollten, im Transitland Österreich aufnahm und gut versorgen ließ.

1978 begann der Kampf um die Inbetriebnahme des noch unter der ÖVP-Regierung gebauten Atomkraftwerkes Zwentendorf. Nach heftigen Demonstrationen und Protesten der neuen «Grünen», Studenten und Künstler wurde eine Volksabstimmung angesetzt. Und diese endete mit einem knappen «Nein». Daraufhin wurde das Atomsperrgesetz beschlossen und das nagelneue teure Atomkraftwerk nicht in Betrieb genommen – ein international einzigartiger Fall. Bis heute hat Österreich kein Atomkraftwerk und hält das auch für richtig.

1979 erreichte die SPÖ bei den Nationalwahlen 51,03 Prozent der Stimmen und damit ihr bestes Ergebnis. In dieser Zeit zeigte Kreisky Milde gegenüber der ehemaligen Herrscherfamilie, der immer noch die Einreise nach Österreich verboten war: Er erlaubte der greisen Exkaiserin Zita, nach Österreich zu kommen und begründete dies geschickt damit, dass Zita ja nur eine angeheiratete Habsburgerin sei und niemals Herrscherrechte gehabt habe. Mit dieser Aktion demonstrierte er auch seine Gewissheit, dass die Demokratie in Österreich nicht gefährdet war.

Bei den nächsten Wahlen 1983 kam die SPÖ nur noch auf 47,6 Prozent der Stimmen und verlor damit die absolute Mehrheit. Daraufhin gab der 72jährige Kreisky auf, der seit Jahren Dialysepatient war. Seine 13jährige Kanzlerschaft hatte Österreich eine wirtschaftliche Blüte mit wichtigen Reformen gebracht. Nach der geradezu muffigen Enge der Christlichsozialen war Österreich nun offener und liberaler geworden.

Der Präsidentschaftswahlkampf 1986 wurde so spannend wie lange nicht. Kandidat der ÖVP war der langjährige UNO-Generalsekretär Kurt Waldheim. Plötzlich tauchten alte Fotos auf, die Waldheim in der Uniform des «Dritten Reiches» auf einem Flughafen in Jugoslawien zeigen. Waldheim hielt das ganze für eine «Campaign», ausgelöst vom Jüdischen Weltkongress in New York. Hubertus Czernin, junger Redakteur des Wiener Nachrichtenmagazins «Profil», recherchierte und wandte sich dabei auch an den «Nazi-Jäger» Simon Wiesenthal. Dieser flog sofort in die USA, um in den dortigen Archiven nach Material über Waldheims politische Vergangenheit zu suchen und kehrte mit dem Urteil zurück: «Da ist nichts dahinter». Er verteidigte Waldheim und bezeichnete ihn als damals «niederrangigen Bürokraten». Auch in den Archivakten der Ludwigsburger Zentralstelle fand sich nichts gegen Waldheim. Die meisten Österreicher glaubten ihm und wählten ihn zum Bundespräsidenten.

Der immer einsamer werdende Kreisky, dem 1984 eine Niere transplantiert wurde, starb am 29. Juli 1990 in Wien im Alter von 79 Jahren. Sein Begräbnis auf dem Wiener Zentralfriedhof war ein bewegendes Ereignis. Die Trauerrede am Grab hielt sein alter Freund Willy Brandt.

Simon Wiesenthal klagte nach dem Tod seines schwierigen Antipoden versöhnend: «Wir sind doch Blätter von einem Baum», also vom jüdischen Stamm. Am Ende hatte er recht behalten, denn bis heute sind keine Beweise für Kriegsverbrechen Waldheims aufgetaucht. Aber dieser hatte sich sehr ungeschickt verhalten. Erst nach seinem Tod im Juli 2007 wurde ein Brief von ihm veröffentlicht, worin er bedauernd feststellte, «dass ich – unter dem äußeren Druck monströser Beschuldigungen, die mit meinem Leben und meinem Denken nichts zu tun hatten – viel zu spät zu den NS-Verbrechen umfassend und unmissverständlich Stellung genommen habe». Und immer noch bezog er sich auf die alte These von Österreichs Unschuld und den Moskauer Vertrag von 1943: «Es war aber wohl auch jene Staatsraison, die wir junge Nachwuchs-Diplomaten zu vertreten hatten und die uns Österreicher als ‹Hitlers erstes Opfer› den Weg zu Freiheit und Staatsvertrag geöffnet hatte.»

1989 wurde für die europäische Geschichte ein «annus mirabilis», ein wunderreiches Jahr. Denn der Eiserne Vorhang, der West und Ost jahrzehntelang trennte, begann sich aufzulösen. Bürgerrechtler in Polen wie in Ungarn und der DDR sahen nun eine Chance, die bisher hermetisch gesperrten Grenzen nach Westen zu öffnen.

Als der österreichische Außenminister Alois Mock am 27. Juli 1989 seinen ungarischen Kollegen Gyula Horn an der österreichungarischen Grenze in Klingenbach traf, nützten sie den üblichen Fototermin: Publikumswirksam durchschnitten sie vor zahlreichen Journalisten mit einer großen Schere symbolisch den dichten Stacheldraht des «Eisernen Vorhangs» und öffneten damit die so lang gesperrte Grenze zwischen Ost und West. Rund sechshundert Ungarn nutzten daraufhin die erste Gelegenheit, in den Westen zu fliehen. Sie wurden auf österreichischer Seite herzlich willkommen geheißen. Viele weitere Flüchtlinge, auch aus der DDR, flüchteten in den nächsten Wochen über Ungarn in den Westen, bis am 9. November die Berliner Mauer fiel. Seit 1989 ist sich Österreich wieder seiner alten historischen Tradition bewusst, eine Brücke zwischen Ost und West zu sein.

1993, ein halbes Jahrhundert nach dem Moskauer Vertrag, machte der sozialdemokratische Bundeskanzler Franz Vranitzky bei einem offiziellen Besuch in Jerusalem einen deutlichen Schritt zur Versöhnung: «Wir bekennen uns zu allen Daten unserer Geschichte und zu den Taten aller Teile unseres Volkes, zu den guten und zu den bösen. Und so, wie wir die guten für uns in Anspruch nehmen, haben wir uns für die bösen zu entschuldigen.» Dann nannte er die Opfer: «Juden, Zigeuner, körperlich und geistig Behinderte, Homosexuelle, Angehörige von Minderheiten, politisch und religiös Verfolgte.» Und er gestand ein, dass es «noch immer gewaltige Lücken im Bereich der materiellen Wiedergutmachung gibt.» Diese Lücken gibt es leider noch heute.

Am 1. Januar 1995 trat Österreich in die EU ein. Ungarn und andere ehemalige Habsburgerländer folgten als gleichberechtigte Partner. Alte Kontakte belebten sich wieder. Seither lernen vor allem junge Österreicher Tschechisch, Ungarisch, Polnisch, Kroatisch, Slowenisch und andere Sprachen des ehemaligen Völkerreiches – und Ungarn und Polen usw. lernen Deutsch. Sie tun dies nicht nur, weil dies für sie von beruflichem Nutzen ist, sondern auch, um die Nachbarn besser kennenzulernen. Und so mancher macht sich auf die Suche nach alter Verwandtschaft. So hat das multinationale Kaiserreich der Habsburger doch noch positive Auswirkungen auf das heutige kleine Österreich.

ANHANG

ZEITTAFEL

976	Beginn der bayerischen Babenberger-Herrschaft im Raum zwischen Enns und Wienerwald
996	Der Name «Ostarrichi» (Ostreich) taucht in einer Urkunde zum ersten Mal auf.
1106	Der Babenberger Leopold III. heiratet Agnes, die Witwe Friedrichs von Schwaben und Tochter Kaiser Heinrichs IV., eine bedeutende Rangerhöhung.
1148	Heinrich II. Jasomirgott heiratet Theodora Komnena, Nichte Kaiser Manuels I. von Byzanz.
1156	Ostarrichi wird zum Herzogtum erhoben. Fortan residieren die Babenberger in Wien.
1190	Leopold V. nimmt am 3. Kreuzzug teil. Bei der Eroberung Akkons entstehen laut Legende die noch heute gültigen rot-weiß-roten Nationalfarben Österreichs. Streit mit Richard Löwenherz.
1203	Leopold VI. heiratet Theodora von Byzanz, die in Wien die Kommende des Deutschen Ritterordens gründet. Das Nibelungenlied entsteht.
1245	scheitert der Plan, Ostarrichi zum Königreich zu erheben.
1246	Tod des letzten männlichen Babenbergers Friedrich II. im Kampf gegen die Ungarn. Österreich wird zum Zankapfel der Nachbarn.
1250–1273	Interregnum
1251	Die österreichischen Stände rufen Ottokar Przemysl, Sohn des Königs von Böhmen, ins Land. Er heiratet die 30 Jahre ältere letzte Babenbergerin Margarete und erwirbt so das Erbrecht auf die babenbergischen Länder.
1273	Graf Rudolf von Habsburg wird Deutscher König.

1278	Rudolf besiegt in einer der größten Ritterschlachten des Mittelalters seinen Rivalen König Ottokar von Böhmen, der von einem Gefolgsmann Rudolfs ermordet wird.
1291	Rudolf stirbt in Speyer und wird in der dortigen Kaisergruft beigesetzt.
1365	Herzog Rudolf IV., «der Stifter», gründet die Wiener Universität als zweitälteste hinter Prag.
1438	Herzog Albrecht V., König von Ungarn und Böhmen, wird zum Deutschen König Albrecht II. gewählt, stirbt aber ein Jahr später.
1439	Friedrich aus der Grazer Linie der Habsburger wird Kaiser Friedrich III.
1453	Friedrich III. erhebt die habsburgischen Länder zum Erzherzogtum Österreich. Alle Habsburger erhalten den Titel «Erzherzog».
1477	Friedrichs Sohn Maximilian heiratet die reiche Erbin Maria von Burgund.
1482	Unfalltod Maria von Burgunds
1485–1490	König Matthias Corvinus residiert in der Wiener Hofburg.
1486	Maximilian wird Deutscher König.
1493	Kaiser Friedrich III. stirbt in Linz. Maximilian wird Kaiser.
1496	Wiener Doppelhochzeit: Maximilians Sohn Philipp der Schöne heiratet Juana von Kastilien, Tochter Margarethe den spanischen Thronfolger Juan.
1504	Philipp der Schöne wird König von Kastilien. Er stirbt 1506 und hinterlässt sechs Kinder und seine maßlos trauernde Witwe Juana, die «Wahnsinnige».
1506	Philipps ältester Sohn Karl erbt die gesamten Niederlande.
1515	Wiener Doppelhochzeit: Maximilians Enkel und Enkelin heiraten die beiden Erben Ungarns und Böhmens.
1518	Kaiser Maximilian stirbt auf der Reise in Wels.
1519	Maximilians 19jähriger Enkel Karl, König von Spanien, Herzog von Burgund, Regent der Niederlande, wird Deutscher König und 1520 Kaiser. Er beherrscht bald ein Weltreich.
1522	Karl übergibt seinem Bruder Ferdinand die Statthalterschaft im Heiligen Römischen Reich und in den österreichischen Erbländern.
1526	Ferdinand beerbt den kinderlosen König Ludwig II. von Böhmen und Ungarn.
1529	Erste große Türkenbelagerung in Wien

1555	Augsburger Religionsfriede
1556	Abdankung Karls V., der 1558 stirbt. Sein Sohn König Philipp II. von Spanien und Portugal erbt die Niederlande, das Königreich Neapel und die überseeischen Länder. Karls Bruder Ferdinand II. wird Kaiser und erhält die östlichen Länder der Habsburger mit der Residenzstadt Wien.
1576	Rudolf II. wird Kaiser und zieht sich auf den Prager Hradschin zurück. Er hinterlässt eine bedeutende Kunstsammlung.
1618–1648	Dreißigjähriger Krieg
ab 1621	In Oberösterreich wütet der Bauernkrieg. Die Protestanten werden besiegt.
1648	Westfälischer Friede in Münster und Osnabrück
1658–1705	Regierung Leopolds I.
1679	Die Pest fordert allein in Wien zigtausende Opfer.
1683	Die Türken belagern Wien zum zweiten Mal und werden in der Entsatzschlacht am Kahlenberg endgültig vertrieben.
1700	Mit dem Tod König Karls endet die spanische Linie der Habsburger.
1701–1714	Spanischer Erbfolgekrieg
1713	Karl VI. erlässt die «Pragmatische Sanktion» für die weibliche Thronfolge.
1717	Geburt Maria Theresias, der kaiserlichen Erbtochter
1736	Maria Theresia heiratet Franz Stephan von Lothringen.
1740	Die 23jährige Maria Theresia folgt ihrem Vater auf den Habsburgerthron. Friedrich II. von Preußen marschiert in Österreichisch Schlesien ein.
1741	Nach drei Mädchen wird in Wien endlich der Thronfolger Josef geboren. Sachsen, Bayern und Franzosen rücken in Böhmen und Österreich ein.
1745	Franz Stephan von Lothringen wird Kaiser Franz I..
1756	Mit dem Einmarsch der preußischen Armee in Sachsen beginnt der Siebenjährige Krieg.
1763	Friedensvertrag: Schlesien bleibt bei Preußen. Es folgt eine Friedensära mit wichtigen Reformen.
1765	Plötzlicher Tod Kaiser Franz' I. in Innsbruck. Nachfolger wird sein Sohn Josef II.
1772	Bei der ersten Aufteilung Polens kommt Galizien zu Österreich.
1780	Maria Theresia stirbt. Nachfolger als Herrscher der Habsburgerländer wird Josef II., der Reformkaiser.
1790	Tod Josefs II.

1804 Napoleon krönt sich zum Kaiser der Franzosen. Kaiser Franz II. gründet das Kaisertum Österreich und heißt nun Franz II. (I.).

1805 Napoleon marschiert in Wien ein. Sieg bei Austerlitz über die Österreicher

1806 Ende des Heiligen Römischen Reiches Deutscher Nation. Franz I. ist nur noch Kaiser von Österreich.

1809 Sieg über die Franzosen bei Aspern. Napoleon kontert mit dem Sieg bei Wagram. Er residiert im Schloss Schönbrunn. Österreich muss sein Heer auf 150 000 Mann reduzieren.

1810 Andreas Hofer, der 1809 mit seinen Männern tapfer gegen die Franzosen kämpfte, wird auf Napoleons Befehl in Mantua hingerichtet. Napoleon heiratet die 18jährige Habsburgerin Marie Louise.

1813 Siegreiche Völkerschlacht bei Leipzig gegen Napoleon

1814–1815 Wiener Kongress ordnet Europa unter Fürst Metternich neu. Österreich verzichtet auf Belgien und Länder am Oberrhein, behält aber in Italien wie im Deutschen Bund seine Großmachtstellung. Unfreiheit der Bürger und scharfe Zensur

1835 Der kranke und nicht regierungsfähige Ferdinand I. wird Kaiser. Wahrer Herrscher ist weiterhin Metternich. Die Untertanen fliehen ins Privatleben des Biedermeier.

1848 Nach Aufruhr in Italien und Ungarn bricht am 13. März in Wien die Revolution aus. Metternich flieht nach England. Der 18jährige Franz Joseph wird Kaiser. Im Mai treten rund fünfhundert Abgeordnete aller deutschen Länder in der Frankfurter Paulskirche zusammen. Der steirische Erzherzog Johann wird zum «Reichsverweser» ernannt als dem gesamtdeutschen Oberhaupt. Wien verweigert sich einer «großdeutschen» Einheit.

1849 Erzherzog Johann tritt als «Reichsverweser» zurück. In Österreich herrscht der Neoabsolutismus.

1854 Franz Joseph heiratet seine Cousine Elisabeth von Bayern.

1858 Geburt des Kronprinzen Rudolf

1866 Niederlage Österreichs gegen Preußen bei Königgrätz. Auflösung des Deutschen Bundes. Österreich wird aus Deutschland hinausgeworfen.

1867 Krönung Kaiser Franz Josephs und Elisabeths zum Königspaar von Ungarn. Österreich wird zur Doppelmonarchie. Die nunmehrigen k.u.k. Juden erhalten ihre bürgerliche Gleichberechtigung und siedeln sich in Scharen vor allem in Wien an, darunter auch Theodor Herzl, Gustav Mahler, Josef Roth und viele andere.

1878 Beim Berliner Kongress werden die bisher türkischen Provinzen Bosnien und Herzogina der österreichischen Verwaltung unterstellt.

1889 30. Januar: Doppelselbstmord des Kronprinzen Rudolf und seiner 17jährigen Geliebten Mary Vetsera in Mayerling

1896 Herzls Buch «Der Judenstaat» erscheint.

1898 10. September: Die 60jährige Kaiserin Elisabeth wird in Genf vom italienischen Anarchisten Lucheni erstochen.

1908 Österreich annektiert Bosnien und die Herzegowina.

1910 In Wien wohnen rund 175 000 Juden – 1860 waren es nur 6200.

1914 28. Juni: Der Thronfolger Franz Ferdinand und seine nicht ebenbürtige Frau werden bei einem offiziellen Besuch in Sarajewo von einem Bosnier erschossen. Erst am 28. Juli legt Außenminister Berchtold dem Kaiser die Kriegserklärung gegen Serbien zur Unterschrift vor und verspricht einen raschen Sieg gegen das kleine Land. Aber Russland, Frankreich und England stellen sich an Serbiens Seite. In wenigen Tagen entsteht der Erste Weltkrieg.

1916 5. November: Österreich-Ungarn und das Deutsche Reich proklamieren Polen wieder als eigenen Staat.

21. November: Der 86jährige Kaiser Franz Joseph stirbt. Nachfolger wird sein 27jähriger unerfahrener Großneffe Karl. Großer Nahrungsmangel

1917 6. April: Die USA treten mit modernsten Waffen und gesunden Soldaten in den Krieg ein.

1918 Ende September: Das Vielvölkerreich der Habsburger zerfällt in seine nationalen Teile.

12. November: Die Republik Deutschösterreich wird ausgerufen mit dem allgemeinen, gleichen, direkten und geheimen Stimmrecht. Frauen dürfen von nun an wählen.

1919 Friede von St. Germain: Verbot des Anschlusses Österreichs an Deutschland.

1920 Gründung der Salzburger Festspiele

1922 1. April: Exkaiser Karl stirbt auf Madeira.

1925 1. Januar: Nach der Inflation wird der Schilling statt der Krone eingeführt.

1927 30. Januar: In Schattendorf im Burgenland erschießen rechte Frontkämpfer einen unbewaffneten linken Schutzbündler und einen zehnjährigen Knaben. Es folgt eine bewaffnete Auseinandersetzung in Wien, wobei 84 Arbeiter und fünf Polizisten sterben.

1929 Beginn der Weltwirtschaftskrise

1932 Engelbert Dollfuß wird Bundeskanzler.

1933 März: Dollfuß schließt das Parlament und regiert diktatorisch.

1934 12. Juni: Aufstand der Sozialisten gegen die Regierung, die das Heer, Polizei und Heimwehr gegen die Arbeiter aufmarschieren lässt. In vier Tagen gibt es bei den Linken mehr als tausend Tote und weit mehr Verhaftete. Dollfuß hieß seither «Arbeitermörder».

1934 Juliputsch der Nationalsozialisten. Dollfuß wird im Kanzleramt ermordet. Sein Nachfolger ist Schuschnigg.

1936 «Juliabkommen»: Aufhebung der Tausendmarksperre gegen eine Amnestie der in Österreich inhaftierten Nazis

1938 12. Februar: Schuschnigg wird von Hitler auf den Berghof geladen und rüde abgekanzelt und bedroht. Schuschnigg setzt für den 13. März eine Volksabstimmung an. Am Tag zuvor marschieren Hitlers Truppen in Österreich ein und werden vom Großteil der Österreicher hymnisch gefeiert. Himmler verhaftet Juden, Kommunisten, Sozialisten, Monarchisten und Heimwehrleute. Die Gestapo ist im Dauereinsatz.

13. März: Hitler verkündet in seiner Heimatstadt Linz den Anschluss Österreichs an das Deutsche Reich.

15. März: Hitlers Großkundgebung am Wiener Heldenplatz vor zigtausenden euphorischen Menschen.

10. November: «Reichskristallnacht» auch in der «Ostmark» mit zahllosen Opfern

1939 1. September: Beginn des 2. Weltkrieges

1943 31. Januar: Kapitulation der 6. deutschen Armee in Stalingrad

9. August: Der Wehrdienstverweigerer Franz Jägerstätter wird enthauptet.

18. Oktober: Treffen der russischen, britischen und amerikanischen Außenminister in Moskau. Sie fordern die bedingungslose Kapitulation des Deutschen Reiches. Sonderstatut für Österreich in der «Moskauer Deklaration» mit der Zusicherung der Wiederherstellung des Staates Österreich. Die Nazi-Verbechen werden allein den Deutschen angelastet.

1945 12. März: Schwerster Luftangriff auf die Wiener Innenstadt
5. bis 13. April: Kampf um Wien. Die Ostmärker sind wieder Österreicher.
8. Mai: Ende des Krieges
27. Mai: Karl Renner erkärt den Anschluss für «null und nichtig».
25. November: Bei der Wahl erhält die neue ÖVP 85 Mandate, die Sozialisten 76 und die Kommunisten vier.
25. Dezember: Leopold Figl wird Bundeskanzler.

ab 1945 Die Österreicher zeigen sich als wehrlose Opfer der Deutschen. Sie wollen die geflohenen Juden nicht mehr ins Land zurückholen und deren Eigentum – Häuser, Firmen, Kunstwerke und Geld – möglichst behalten.

1948–1962 Der Marshallplan bringt Lebensmittel, Kohle, Maschinen und anderes im Wert von 20 Milliarden Schilling für den Wiederaubau.

1955 15. Mai: Im Wiener Belvedere wird der Österreichische Staatsvertrag unterzeichnet. Die Besatzungsmächte ziehen ab.

1956 Ungarn rebelliert gegen die russische Besatzung. Österreich nimmt rund 200 000 ungarische Flüchtlinge auf.

1970–1983 Bruno Kreisky, Vorsitzender der SPÖ, ist Bundeskanzler.
Viele wichtige Reformen. Jahrelange Auseinandersetzungen mit Simon Wiesenthal

1986 Präsidentschaftswahlen. Kurt Waldheim im Zwielicht

1989 Der Eiserne Vorhang fällt.

1990 Tod Kreiskys. Die Trauerrede hält Willy Brandt.

1993 Bundeskanzler Vranitzky bekennt sich fünfzig Jahre nach der Moskauer Deklaration in Jerusalem zu den Fehlern der Österreicher in der Hitlerzeit.

1995 1. Januar: Österreich wird Mitglied der EU.

Das Weltreich der Habsburger um 1500

Kgr. Schweden
Gotland
Riga
Kurland
Livland
Kalmar
Nordsee
Kgr. Dänemark
Samogitien
Kopenhagen
Ostsee
Wilna
Schleswig
Königsberg
Hzm. Preußen
Litauen
Minsk
Hzm. Holstein
Pommern
Danzig
Hamburg
Mecklenburg
Grfsm. Litauen
Thorn
M. Brandenburg
Utrecht
Berlin
Posen
Warschau
Brest
Münster
Lausitz
Heiliges Römisches Reich
Kgr. Polen
Lüttich
Aachen
Leipzig
Sachsen
Breslau
Lublin
Hzm. Schlesien
Schmalkalden
Luxemburg
Krakau
Lemberg
Prag
Worms
Metz
Speyer
Kgr. Böhmen
Mgft. Mähren
Brünn
Kaschau
Kremnitz
Wien
Hzm. Bayern
Freiburg
Linz
Preßburg
Frgft. Burgund
Erzhzm. Österreich
Gran
Salzburg
Raab
Ofen
Besançon
Steiermark
Klausenburg
Bern
Innsbruck
Land der Eidgenossen
Kgr. Ungarn
Tirol
Kärnten
Klagenfurt
Fsm. Siebenbürgen
Kronstadt
Laibach
Hermannstadt
Trient
Rep. Venedig
Hzm. Savoyen
Mohács
Agram
Krain
Mailand
Triest
Venedig
Kroatien
Belgrad
Fsm. Walachei
Bihać
Parma
Genua
Rep. Genua
Ravenna
Marseille
Bosnien
San Marino
Serbien
Florenz
Bulgarien
Dalmatien
Grhzm. Toskana
Kirchenstaat
Sofia
Montenegro
Ragusa
Korsika
Cattaro
Adria
Rom
Osmanisches Reich
Benevent
Neapel
Tarent
Kgr. Sardinien
Kgr. Neapel
Tyrrhenisches Meer
Cagliari
Mittelmeer
Messina
Reggio
Palermo
Kgr. Sizilien
Biserta
Syrakus
Tunis
Habsburgischer Hausbesitz vor 1477
das burgundische Erbe 1477
das böhmisch-ungarische »Erbe« 1526
das spanische Erbe 1504/16
die Personalunion mit Portugal 1580–1640
schraffierte und umrandete Flächen bezeichnen umstrittene Gebiete

Die im Reichsrat vertretenen Königreiche und Länder (»Cisleithanien«)

Die Länder der ungarischen Krone (»Transleithanien«)

Bosnien und Herzegowina (Kondominium beider Reichsteile)

Österreich-Ungarn, 1908

LITERATURHINWEISE

Angerer, Joachim / Gerhard Trumler: Klösterreich, Wien 2003

Boehm, Laetitia: Geschichte Burgunds, Wiesbaden 1998

Christomanos, Constantin: Tagebuchblätter, Wien 1898

Flesch-Brunningen, Hans: Die letzten Habsburger in Augenzeugenberichten, Düsseldorf 1967

Goldmann, Nahum: Mein Leben als deutscher Jude, Berlin 1983

Guderian, Heinz: Erinnerungen eines Soldaten, Heidelberg 1951

Hamann, Brigitte: Rudolf Kronprinz und Rebell, Wien 1978

Dies.: Elisabeth. Kaiserin wider Willen, Wien 1981 ff. (Neuausgabe 1997)

Dies. (Hg.): Kaiserin Elisabeth. Das Poetische Tagebuch, Wien 1984

Dies.: Bertha von Suttner. Ein Leben für den Frieden, München 1986

Dies. (Hg.): Die Habsburger. Ein biographisches Lexikon. Wien 1988

Dies. (Hg.): Hitlers Wien, München 1996

Katalog: Kaiser und König. Österreich und Ungarn 1526–1918, Budapest und Wien 2001

Katalog: Der Heilige Leopold, Klosterneuburg 1985

Kreisky, Bruno: Zwischen den Zeiten. Erinnerungen aus fünf Jahrzehnten, Berlin 1986

Ders.: Im Strom der Politik. Erfahrungen eines Europäers, Berlin 1988

Lang, Karl Heinrich Ritter von: Memoiren, Braunschweig 1842

Oppl, Ferdinand: Leben im mittelalterlichen Wien, Wien 1998

Pick, Hella: Simon Wiesenthal, Hamburg 1997

Reuth, Ralf Georg: Joseph Goebbels. Tagebücher Band 3: 1935–1939, München 1992

Stein, Barbara: Die Heiligen in Österreich, Salzburg 2004

Sztáray, Irma von: Aus den letzten Jahren der Kaiserin Elisabeth, Wien 1909

Szeps, Julius: Briefe an einen Freund, Wien 1922

Vacha, Brigitte (Hg.): Die Habsburger. Eine europäische Familiengeschichte, Graz 1992

Voigt, Georg / Aeneas Sylvius Piccolomini: Über die Stadt Wien, Berlin 1856

Wallersee, Marie Louise von: Meine Vergangenheit, Berlin 1913

Wandruszka, Adam: Das Haus Habsburg, Wien 1978

Wiesflecker, Hermann: Maximilian I., München 1991

Zöllner, Erich: Der Österreichbegriff. Formen und Wandlungen in der Geschichte, Wien 1988

BILDNACHWEIS

akg-images – Archiv für Kunst und Geschichte, Berlin:
S. 12 (Erich Lessing), S. 26 (Erich Lessing), S. 36 (Erich Lessing), S. 51, 56
Imagno / Austrian Archives – brandstätter images, Wien: S. 87
Public domain: S. 15

Die Abbildung auf S. 31 wurde entnommen aus: Hamann, Brigitte (Hrsg.): Die Habsburger. Ein biographisches Lexikon, München 1988

Die Abbildungen auf S. 65, 148, 175 (rechts und links) hat die Autorin zur Verfügung gestellt.

Peter Palm, Berlin: S. 41, 96, Karten S. 6–7, 188–190